El cuaderno verde del Che

Seix Barral

El cuaderno verde del Che

Pablo Neruda

León Felipe

Nicolás Guillén

César Vallejo

Prólogo de Paco Ignacio Taibo II

Diseño de portada: Vivian Cecilia González
Fotografía en interiores: archivo de Paco Ignacio Taibo II

© Herederos de Nicolás Guillén
© Fundación Pablo Neruda
© César Vallejo
© León Felipe
© Paco Ignacio Taibo II
Derechos reservados

© 2007, Editorial Planeta Mexicana, S.A. de C.V.
Editorial Seix Barral, S.A. (México)
Avenida Presidente Masarik núm. 111, 2o. piso
Colonia Chapultepec Morales, 11570 México, D.F.

Primera edición: agosto de 2007
ISBN: 978-970-749-061-1

Impreso en los talleres de Litográfica Ingramex, S.A. de C.V.
Centeno núm. 162-1, colonia Granjas Esmeralda, México, D.F.
Impreso y hecho en México – *Printed and made in Mexico*

www.editorialplaneta.com.mx

PRÓLOGO

Paco Ignacio Taibo II

I
LOS DIARIOS

Los tres oficiales con uniforme de *rangers* y el agente de la CIA revisaron la mochila minuciosamente. Al final sólo pudieron extraer un magro botín: 12 rollos de película, una veintena de mapas corregidos con lápices de colores, una radio portátil que hacía tiempo que no funcionaba, un par de agendas y un cuaderno verde.

Las agendas causaron sensación. Los oficiales paseaban la mirada sobre la letra pequeña y fueron confirmando que se trataba de un diario que iba de noviembre del 66 hasta octubre del 67. Momentos más tarde, en la puerta de una escuela donde se ha habilitado una prisión para el propietario de la mochila, se instala un improvisado laboratorio y un agente de la CIA fotografía los diarios. Los materiales son llevados en helicóptero por un coronel rumbo a La Paz, la capital de Bolivia.

El cuaderno verde, donde pueden leerse una serie de poemas, en ese momento no parece despertar mayor interés.

Pocas horas más tarde, el dueño de la mochila, el comandante Ernesto Guevara, será asesinado en la escuelita de La Higuera y sus breves despojos terrenales repartidos.

Los diarios del Che terminarán, después de pasar por varias manos, en una caja fuerte en las oficinas de Inteligencia Militar del ejército boliviano, se montará una operación destinada a falsificarlos, que se frustrará cuando una copia sea robada por el ministro del Interior boliviano y llevada a Cuba, y del *Diario del Che en Bolivia* se hagan ediciones millonarias en todo el planeta.

A mitad de los años ochenta, los diarios volvieron a ser noticia cuando la famosa casa británica Sotheby's anunció que en breve subastaría los diarios originales del Che y propuso la cifra de 250 mil libras esterlinas como estimación de su valor. ¿Cómo habían llegado hasta allí? El gobierno boliviano anunció una investigación y llegó fácilmente hasta la figura del ex dictador, el general Luis García Meza, quien se los había vendido a "un brasileño", quien a su vez los había vendido a una galería británica o estaba siendo usado como intermediario del general. En junio del 84 Sotheby's suspendió la subasta ante las repetidas demandas legales del gobierno boliviano por un lado y los señalamientos públicos de la viuda del Che por otro.

Pero si bien el camino de los diarios podía ser seguido más o menos con precisión, recorriendo a lo largo de los años encendidos debates y escándalos, el camino del tercer cuaderno, el de las pastas verdes, el cuaderno de poesía, era un misterio. ¿Contenía poemas que el Che había escrito a lo largo de la campaña boliviana? ¿Se trataba de poemas que el Che había copiado a lo largo de los últimos dos años? ¿Quiénes eran los autores que le gustaban particularmente? ¿Era una mezcla de ambos? ¿Eran los poemas una especie de clave? ¿Dónde estaba el cuaderno verde?

II

EL CUADERNO VERDE

Una mañana de agosto de 2002, J. A., viejo amigo del autor, compañero fuera de toda sospecha, me puso sobre la mesa un paquete de fotocopias:

—¿Qué es esto? ¿De quién es? ¿Puedes autentificar la letra?

Ojeé las páginas. Me recorrió un escalofrío. Parecía un texto escrito por la mano del Che. ¿Era? ¿De dónde lo había sacado? Le pedí un par de días.

Me llevé a mi casa las fotocopias. Comparé la letra con diversos documentos que tenía escritos de mano del Che: fragmentos de los diarios de Bolivia, copias de cartas de los primeros años sesenta, un facsímil de la carta de despedida a Fidel, sus correcciones al diario del Congo. Era evidentemente la letra del Che.

Revisé lentamente las ciento cincuenta páginas, no lo niego, con cierta reverencia. A pesar de haber vivido tantos años cerca de él, el Che no dejaba de intimidarme y sorprenderme.

Se trataba de una colección de poemas, muchos de ellos con título o con la referencia numérica de una serie, ausentes de datos sobre el autor, excepto uno, "L. Felipe", que sin duda correspondía al poeta español exiliado en México al final de su vida, León Felipe. Muchos de ellos reconocibles. ¿Por qué el Che se había tomado la molestia de copiarlos o recordarlos? ¿Por qué había omitido a los autores? ¿Por qué copiar poemas en un cuaderno?

Sin duda se trataba del cuaderno verde desaparecido en Bolivia. ¿Cómo había llegado hasta aquí?

Reconstruí la historia de lo sucedido con los bienes de la mochila. El cuaderno formaba parte de lo que había quedado bajo control de la inteligencia militar boliviana. No se le mencionaba entre los materiales que García Meza robó y trató de vender a Sotheby's. El rastro era más o menos obvio, alguien se lo había llevado, o copiado, en los últimos años, de la caja fuerte del G2 boliviano.

¿Cuándo había sido escrito?

Posiblemente la escritura del cuaderno se había iniciado al final de su estancia en Dar es Salaam, después de la campaña del Congo en el 65, quizá en la larga espera en Praga antes de los entrenamientos en Pinar del Río (Cuba) previos a la campaña de Bolivia. La libreta era un cuaderno con letras en árabe en la portada. ¿Lo había comprado a su salida de Tanzania en el 65?

Sin duda parte de él había sido escrito durante la campaña boliviana. Había una fotografía que, observada con lupa, parecía mostrar al Che trepado en las ramas de un árbol y haciendo guardia mientras escribía en el cuaderno verde. Se conocía la lista de los libros que el Che cargó en la mochila en aquellos meses, y algunos de los autores coincidían con los poetas que me parecía identificar en el cuaderno.

¿Copiados o reescritos de memoria? Revisé mi biblioteca y comparé los que me resultaban conocidos. Copiados, sin duda. Cuando se trae algo en la memoria, no se tiene la precisión de recordar que una cuarteta termina con un punto y coma, o que una frase se corta arbitrariamente en dos líneas de cierta manera.

¿Por qué entonces la omisión de los autores? ¿Era un reto humorístico de los que al Che le gustaban tanto? ¿Era un juego intelectual? ("Yo los conozco, para qué voy a poner su nombre"), o pensó, medio en serio, medio en broma, que volvía así su cuaderno un documento priva-do, con una clave que sólo a él le daba acceso. ¿Se trataba quizá de una manera de memorizarlos?, copiarlos para luego recordarlos. Fuera una cosa u otra, se trataba de una antología.

Era la antología del Che. Una antología personal.

III
EL CHE Y LA POESÍA

Ernesto Guevara fue a lo largo de su vida un voraz lector de poesía. Cientos de anécdotas lo registran. Como una vez le escribió a su amiga y compañera de la escuela de Medicina, Tita Infante: "He tenido mis momentos de abandono o más bien de pesimismo (…) Cuando eso ocurre como cosa transitoria de un día yo lo soluciono con unos mates y un par de versos".

La descubre en su adolescencia, durante una época de constantes ataques de asma en la que, obligado a pasar muchas horas de inmovilidad, encuentra en los libros un mundo paralelo al que poder fugarse. Serán Pablo Neruda y *Las flores del mal* de Baudelaire, curiosamente leído en francés, los inicios de sus amores. A los 15 años se encuentra con Verlaine, Antonio Machado. Y paralelamente al descubrimiento de Gandhi, que lo emociona profundamente, sus amigos lo recuerdan recitando a Neruda, desde luego, pero también a poetas españoles. Una cuarteta lo persigue. *"Era mentira/ y mentira convertida en verdad triste,/ que sus pisadas se oyeron/ en un Madrid que ya no existe."*

En 1952, a los 24 años y en Bogotá, se encuentra con un dirigente estudiantil colombiano, hablan de política, de literatura. El Che le cuenta que se ha aprendido todos los poemas de amor de Neruda. El estudiante colombiano lo reta:

—El 20…

Guevara sin dudar responde: *Puedo escribir los versos más tristes esta noche. Escribir por ejemplo...* y sigue.

Un par de años más tarde, en una cárcel mexicana, les diría a sus padres en una carta: "Si por cualquier causa, que no creo, no puedo escribir más y luego me tocan las de perder, consideren estas líneas como de despedida, no muy grandilocuente pero sincera. Por la vida he pasado buscando mi verdad a los tropezones y ya en el camino y con mi hija que me perpetúa he cerrado el ciclo. Desde ahora no consideraría mi muerte una frustración apenas como Hikmet: *Sólo llevaré a la tumba/ la pesadumbre de un canto inconcluso*".

Durante esos días de septiembre de 1956 en México, obligado a la clandestinidad, "porque cometió Gobernación el grave error de creer en mi palabra de caballero y me pusieron en libertad para que abandonara el país en 10 días", va y viene al DF. En estas esporádicas visitas a su hija Hildita le recita un poema de Antonio Machado dedicado al general Listen: *De monte a mar esta palabra mía:/ Si mi pluma valiera tu pistola/ de capitán contento moriría.* Parece ser que a la niña de siete meses le gusta la sonoridad machadiana, porque llora y protesta cuando terminan los versos, pidiendo más.

Durante la campaña en la Sierra Maestra, el Che logra montar una red que hace que suban hasta la montaña libros de Martí y poemarios de José María Heredia, Gertrudis de Avellaneda, Gabriel de la Concepción, Rubén Darío, para alternar con la biografía de Goethe de Emil Ludwig que está leyendo, según puede verse en una foto en la que el Che se encuentra leyendo dentro de un bohío, recostado y cubierto por una manta y con un enorme puro en la boca.

En enero del 61, trabajando como ministro de Industrias de la revolución triunfante, le confiaba en una entrevista a Igor Man que "conozco a Neruda de memoria, tengo sobre la mesita de noche a Baudelaire que leo en francés", y reconocía que su poema favorito de Neruda era el "Nuevo canto de amor a Stalingrado".

Yo escribí sobre el tiempo y sobre el agua/ describí el luto y su color morado/ yo escribí sobre el cielo y la manzana/ ahora escribo sobre Stalingrado.

Aleida March, su compañera, recordaría: "Leía a todas horas, en cada momento que tuviera libre, entre una reunión y otra, cuando iba de un lugar a otro".

Pero hay una imagen que resulta más eficaz como testimonio que todas estas historias. En los rollos de película que el ejército captura en Ñancahuazú, una fotografía muestra a Guevara trepado en lo alto de un árbol, probablemente en una de las interminables guardias, con un libro de poesía entre las manos.

IV
EL CHE POETA

No sólo era un gran lector de poesía, Ernesto Guevara había coqueteado toda su vida con la poesía como creador, se había acercado y alejado de ella, tratándola siempre con mucho respeto. Yo diría que con un exceso de respeto. Nunca se sintió a gusto con los resultados y pensando que sus poemas no tenían demasiado valor, nunca los entregó para su publicación.

Debe haber escrito poesía durante toda su adolescencia y primera juventud, pero los pocos poemas que hoy le conocemos fueron escritos entre el 54 y el 56, en Guatemala y México. Es la poesía de un personaje en pleno proceso de transición, fascinado por el inmenso mundo que de alguna manera lo está esperando, y por las ruinas prehispánicas.

En el 55 escribe:

El mar me llama con su amistosa mano/ mi prado —un continente—/ se desenrosca suave e indeleble/ como una campanada en el crepúsculo.

Volverá sobre estos temas en otro poema: *Estoy solo frente a la noche inexorable/ y a cierto dejo dulzón de los billetes/ Europa me llama con voz de vino añejo/ aliento de carne rubia, objetos de museo./ Y en la clarinada alegre de países nuevos/ yo recibo de frente el impacto difuso/ de la canción de Marx y Engels.*

Europa, América Latina, la revolución y, curiosamente, el mundo prehispánico. Deja constancia de su fascinación en un poema sobre Palenque: *¿Qué fuerza te mantiene más allá de los siglos/ viva y palpitante como en la juventud? ¿Qué dios sopla, al final de la jornada/ el hálito vital de tus estelas?*

Trabajando en México como doctor, le tocó atender a una mujer llamada María, que sufría de graves enfermedades respiratorias asociadas al asma. Guevara, que sintió como una ofensa personal la miseria en la que vivía la mujer, con una hija y tres o cuatro nietos, y su defunción "sin pena ni gloria", como se diría en México en aquellos años, escribe entonces un poema:

Vieja María, vas a morir/ quiero hablarte en serio/ Tu vida fue un rosario repleto de agonías/ no hubo hombre amado ni salud ni dinero/ apenas el hambre para ser compartida.

El poema es flojo, pero poco a poco, mientras se va armando la descripción de las miserias de la mujer, la sala de hospital y la muerte que surge como consecuencia del asma, aparece la oferta de *la suave vergüenza de las manos de médico* que estrechan las manos de la vieja para prometerle *en voz baja y viril de las esperanzas, la más roja y viril de las venganzas que tus nietos vivirán la aurora.* El poema remata con un grandilocuente, aunque suene a sincero, *lo juro,* escrito en mayúsculas.

De sus poemas de la etapa mexicana, hay uno escrito en el rancho de Choleo, donde estaban entrenando militarmente, que quizá es uno de sus peores poemas. Un poema épico dedicado a Fidel, cuya mayor virtud es reflejar por un lado la fascinación que el dirigente cubano provoca en el doctor argentino (*Vámonos,/ ardiente profeta de la aurora,/ por recónditos senderos inalámbricos/ a liberar el verde caimán que tanto amas*) y por otro la seriedad con la que Ernesto ha asumido su compromiso con el proyecto revolucionario: *Y si en el camino se interpone el hierro,/ pedimos un sudario de cubanas lágrimas/ para que se cubran los guerrilleros huesos/ en el tránsito a la historia americana./ Nada más.*

El Che nunca entregó a Fidel el poema *Vámonos, ardiente profeta de la aurora*; es claro que no pensaba que su poema fuera bueno y no quería que tuviera otro destino que el de servir de recuerdo.

Años después, Leonel Soto, director de la revista *Verde Olivo*, lo publicó y el Che le mandó una nota indignado donde le advertía que no podía publicar nada sin permiso y mucho menos "esos versos que son horribles". El Che entendía que su poesía era algo privado. Cuando en otra ocasión Pardo Liada ofreció publicar o leer por radio un poema suyo, el Che lo amenazó en broma con llevarlo al paredón.

Es muy probable que haya seguido escribiendo poemas durante los últimos años de su vida, pero nunca fueron dados a conocer.

V

LA ANTOLOGÍA

De los 69 poemas recogidos por el Che en el cuaderno verde, sólo uno tenía identificado al autor, el número 65, "La gran aventura", que cerraba con un L. Felipe. Los otros 68 no registraban autoría.

Partí del supuesto de establecer una lista de los poetas que sabía que al Che le gustaban, pero esa resultó una línea de desvío cuando me encontré con un listado de medio centenar de autores.

Podía haber apelado a la mejor información y memoria poética de amigos o expertos. Estaba seguro de que Roberto Fernández Retamar podría en minutos deshacer la mayoría de los enigmas, pero el reto para mí era fascinante. Siguiendo viejas lecturas holmesianas, apliqué su lógica implacable: una vez eliminado lo imposible, lo que queda... Partí de identificar la quincena de poemas que conocía o me sonaban conocidos. César Vallejo en *Los heraldos negros*. El número 20, "Puedo escribir los versos más tristes esta noche" y "La canción desesperada" de los *Veinte poemas de amor* de Pablo Neruda, el conocido "Farewell"; otros dos poemas de Vallejo, "En el rincón aquel, donde dormimos juntos" y "Esta noche desciendo del caballo", de *Trilce*; varios poemas de Nicolás Guillén: "No sé por qué piensas tú", "Sensemayá", "Un largo lagarto verde" y el poema del propio León Felipe que el Che había dejado identificado: "Han transcurrido cuatro siglos..."

Eso dejaba en principio cuatro poetas: Pablo Neruda,

César Vallejo, Nicolás Guillén y León Felipe. Y ese me pareció el primer camino. Comencé a revisar todos los poemas faltantes con la guía de estos cuatro poetas y dejando para el final las identificaciones más problemáticas. Había cosas relativamente fáciles, había cosas que me sonaban al *Canto general* y poemas que sólo podían ser de León Felipe o un imitador muy cercano, frases vallejianas y sones caribeños de Guillén. Algunas antologías me resultaban escasas, tuve que conseguir las ediciones de las obras completas de Vallejo, Neruda y Guillén y saquear la biblioteca de mi padre a la búsqueda de todos los libros de León Felipe.

Probablemente a un experto le hubiera resultado más fácil, pero no hubiera gozado tanto el trabajo. Una semana más tarde, con noches incluidas, abundantes ojeras y bostezos, tenía identificados 67 de los 69 poemas, y los dos restantes cayeron un poco más tarde.

En el proceso me había topado con algunas trampas, el Che había omitido los títulos de dos, un poema estaba copiado en dos páginas diferentes con otro poema intercalado, dos poemas habían sido copiados fragmentariamente y un poema estaba unido a otro sin divisiones.

Pero finalmente la antología del Che estaba clara.

El cuaderno contenía una selección de poemas de Pablo Neruda, César Vallejo, Nicolás Guillén y León Felipe, sólo estos cuatro poetas. Ni uno más. Curiosamente los poemas no estaban ordenados por autor, ni siquiera aparecían en orden (en el orden cronológico que los situaría una antología), o sea que el Che había venido leyendo y copiando indistintamente libros de poemas de los cuatro. Al principio existe una secuencia: un poema de Vallejo, uno de Neruda, uno de Guillén; secuencia que se repite ocho veces. Me hizo pensar en la existencia de alguna clave oculta, pero la secuencia se rompe más tarde y posteriormente no hay un orden detectable.

Algunos poemas me desconcertaron; las fechas no parecían corresponder. "Aconcagua" de Guillén aparece en el libro *El Gran Zoo* publicado en el 67, pero había sido editado previamente por *Lunes de la Revolución* en Cuba en el 59; por lo tanto, bien podía estar en una antología o el Che podía tener el recorte del diario. La segunda duda estribaba en los poemas de *¡Oh, este viejo y roto violín!* de León Felipe, editados por el FCE a fines del 65 en México, pero no resultaba nada extraño que el poeta le hubiera enviado el libro a Cuba y de allí lo hubieran recogido para el Che y llevado a Pinar del Río, durante su breve estancia en el entrenamiento previo a la guerrilla boliviana.

Hay muy pocas modificaciones en el copiado de los poemas originales: en el poema "Mulata" de Guillén, el Che le corrige la ortografía coloquialista del habla popular cubana y retorna al "dice" donde decía "dise", vuelve a "corbata" donde decía "cobbata" y a "narices" donde decía "narise" y "verdad" donde decía "veddá".

Queda una última duda, ¿por qué el Che excluyó de la antología su poema favorito, "Nuevo canto de Stalingrado" de Neruda?, ¿por qué dejó fuera los poemas de la guerra de España de Vallejo? El argumento de que se los sabía de memoria tengo que excluirlo, porque es válido también para los poemas de amor de Neruda, que aquí se encuentran. Por alguna razón, al excluirlos, deja espacio en esta antología para poemas amorosos y reflexiones intimistas. Quizá el contrapunto obligado en aquellos dos años finales de su vida, envueltos en la vorágine de una revolución que se le escapó entre las manos.

La poesía como un refugio que remite a lo personal y a la visión histórica de América y España ante la dureza de la vida diaria.

VI
EL CHE Y LOS POETAS

El peruano César Vallejo murió en París un día de aguacero de 1938, aunque un viernes y no jueves como había anunciado, cuando Ernesto Guevara tenía 9 años. Es el único de los cuatro poetas reunidos en la antología al que Ernesto no conoció. Aunque quizá haya leído alguno de los poemas de Vallejo en vida de éste, sobre todo los dedicados a la guerra de España.

Pablo Neruda había sido el poeta de su juventud. Durante su estancia en México, en 1955 o 56, Guevara había escrito un amplio comentario del *Canto general* en el que se decía de los poemas que contenían "la metáfora justa", "la simpleza elegante" y calificaba a la obra como "el libro más alto de la América poética". En enero del 61, cuando el Che dirigía el Banco Nacional de Cuba, recibió la visita de Neruda y un ejemplar dedicado del *Canto general* lo acompañará desde entonces en su mesita de noche.

Nicolás Guillén mantuvo con el Che una relación entrañable, fue el primer poeta invitado al cuartel de La Cabaña, donde se estableció la columna 8 del Che al triunfo de la revolución cubana. En febrero del 59 dio un recital a los guerrilleros. Le había dedicado al Che un poema que a mí me parece bastante malito *(Como si San Martín la mano pura/ a Martí familiar tendido hubiera, como si el Plata vegetal viniera/ con el Cauto a juntar agua y ternura/, así Guevara, el gaucho de voz dura/ brindó a Fidel su sangre guerrillera.)*

Guevara conoció durante su estancia en México al poeta español León Felipe, que se encontraba exiliado en el DF. Ricardo Rojo rescata una imagen de una reunión en un café, en la que en medio de una conversación, cuando poeta y joven exiliado cruzaban los pies, ambos mostraban las suelas rotas de sus zapatos. La reunión debe haber dejado profundamente marcado al médico argentino, que tras el triunfo de la revolución citará recurrentemente a León, le escribirá y le enviará sus escritos.

Los tres poetas que lo sobrevivieron, sin saber que acompañaban al Che en su mochila en la última batalla, se despidieron de él escribiendo:

Neruda (en *Fin de mundo*, "Tristeza en la muerte de un héroe"): *Los que vivimos esta historia/ esta muerte y resurrección/ de nuestra esperanza enlatada/ los que escogimos el combate/ y vimos crecer las banderas/ supimos que los más callados/ fueron nuestros únicos héroes...*

Guillén (en "Che comandante"): *No porque hayas caído/ tu voz es menos alta./ Un caballo de fuego/ sostiene tu escultura guerrillera/ entre el viento y las nubes de la sierra.*

León Felipe, en el poema que le dedica hablando del relincho de Rocinante, el tan querido por el Che caballo del Quijote, diría: *siempre fuiste un condotiero apostólico y evangélico y un niño atleta y valiente que sabías dar el triple salto mortal.*

César Vallejo
Los heraldos negros

LOS HERALDOS NEGROS

Hay golpes en la vida, tan fuertes... Yo no sé!
Golpes como del odio de Dios; como si ante ellos,
la resaca de todo lo sufrido
se empozara en el alma... Yo no sé!

Son pocos; pero son... Abren zanjas oscuras
en el rostro más fiero y en el lomo más fuerte.
Serán tal vez los potros de bárbaros atilas;
o los heraldos negros que nos manda la Muerte.

Son las caídas hondas de los Cristos del alma,
de alguna fe adorable que el Destino blasfema.
Esos golpes sangrientos son las crepitaciones
de algún pan que en la puerta del horno se nos quema.

Y el hombre... Pobre... pobre! Vuelve los ojos, como
cuando por sobre el hombro nos llama una palmada;
vuelve los ojos locos, y todo lo vivido
se empoza, como charco de culpa, en la mirada.

Hay golpes en la vida, tan fuertes... Yo no sé!

Pablo Neruda
Crepusculario

FAREWELL

1

Desde el fondo de ti, y arrodillado,
un niño triste, como yo, nos mira.

Por esa vida que arderá en sus venas
tendrían que amarrarse nuestras vidas.

Por esas manos, hijas de tus manos,
tendrían que matar las manos mías.

Por sus ojos abiertos en la tierra
veré en los tuyos lágrimas un día.

2

Yo no lo quiero, Amada.

Para que nada nos amarre
que no nos una nada.

Ni la palabra que aromó tu boca,
ni lo que no dijeron las palabras.

Ni la fiesta de amor que no tuvimos,
ni tus sollozos junto a la ventana.

3

(Amo el amor de los marineros
que besan y se van.

Dejan una promesa.
No vuelven nunca más.

En cada puerto una mujer espera:
los marineros besan y se van.

Una noche se acuestan con la muerte
en el lecho del mar.

4

Amo el amor que se reparte
en besos, lecho y pan.

Amor que puede ser eterno
y puede ser fugaz.

Amor que quiere libertarse
para volver a amar.

Amor divinizado que se acerca
Amor divinizado que se va.)

5

Ya no se encantarán mis ojos en tus ojos,
ya no se endulzará junto a ti mi dolor.

Pero hacia donde vaya llevaré tu mirada
y hacia donde camines llevarás mi dolor.

Fui tuyo, fuiste mía. Qué más? Juntos hicimos
un recodo en la ruta donde el amor pasó.

Fui tuyo, fuiste mía. Tú serás del que te ame,
del que corte en tu huerto lo que he sembrado yo.

Yo me voy. Estoy triste: pero siempre estoy triste.
Vengo desde tus brazos. No sé hacia dónde voy.

...Desde tu corazón me dice adiós un niño.
Y yo le digo adiós.

Nicolás Guillén
Motivos de son

MULATA

Ya yo me enteré, mulata,
mulata, ya sé que dise
que yo tengo la narise
como nudo de cobbata.

Y fíjate bien que tú
no ere tan adelantá,
poqque tu boca e bien grande,
y tu pasa, colorá.

Tanto tren con tu cuerpo,
tanto tren;
tanto tren con tu boca,
tanto tren;
tanto tren con tu sojo,
tanto tren.

Si tú supiera, mulata,
la veddá;
¡que yo con mi negra tengo,
y no te quiero pa na!

César Vallejo
Los heraldos negros

IDILIO MUERTO

Qué estará haciendo esta hora mi andina y dulce Rita
de junco y capulí;
ahora que me asfixia Bizancio, y que dormita
la sangre, como flojo coñac, dentro de mí.

Dónde estarán sus manos que en actitud contrita
planchaban en las tardes blancuras por venir;
ahora, en esta lluvia que me quita
las ganas de vivir.

Qué será de su falda de franela; de sus
afanes; de su andar;
de su sabor a cañas de Mayo del lugar.

Ha de estarse a la puerta mirando algún celaje,
y al fin dirá temblando: "Qué frío hay… Jesús!".
Y llorará en las tejas un pájaro salvaje.

Pablo Neruda
Veinte poemas de amor y una canción desesperada

1

Cuerpo de mujer, blancas colinas, muslos blancos,
te pareces al mundo en tu actitud de entrega.
Mi cuerpo de labriego salvaje te socava
y hace saltar el hijo del fondo de la tierra.

Fui solo como un túnel. De mí huían los pájaros
y en mí la noche entraba su invasión poderosa.
Para sobrevivirme te forjé como un arma,
como una flecha en mi arco, como una piedra en mi
    honda.

Pero cae la hora de la venganza, y te amo.
Cuerpo de piel, de musgo, de leche ávida y firme.
Ah los vasos del pecho! Ah los ojos de ausencia!
Ah las rosas del pubis! Ah tu voz lenta y triste!

Cuerpo de mujer mía, persistiré en tu gracia.
Mi sed, mi ansia sin límite, mi camino indeciso!
Oscuros cauces donde la sed eterna sigue,
y la fatiga sigue, y el dolor infinito.

Nicolás Guillén
Sóngoro Cosongo

LLEGADA

¡Aquí estamos!
La palabra nos viene húmeda de los bosques,
y un sol enérgico nos amanece entre las venas.
El puño es fuerte
y tiene el remo.

En el ojo profundo duermen palmeras exorbitantes.
El grito se nos sale como una gota de oro virgen.
Nuestro pie,
duro y ancho,
aplasta el polvo en los caminos abandonados
y estrechos para nuestras filas.
Sabemos dónde nacen las aguas,
y las amamos porque empujaron nuestras canoas bajo
    los cielos rojos.
Nuestro canto
es como un músculo bajo la piel del alma,
nuestro sencillo canto.

Traemos el humo en la mañana,
y el fuego sobre la noche,
y el cuchillo, como un duro pedazo de luna,
apto para las pieles bárbaras;
traemos los caimanes en el fango,
y el arco que dispara nuestras ansias,
y el cinturón del trópico,
y el espíritu limpio.

Traemos
nuestro rasgo al perfil definitivo de América.

¡Eh, compañeros, aquí estamos!
La ciudad nos espera con sus palacios, tenues
como panales de abejas silvestres;
sus calles están secas como los ríos cuando no llueve
    en la montaña,
y sus casas nos miran con los ojos pávidos
    de las ventanas.
Los hombres antiguos nos darán leche y miel
y nos coronarán de hojas verdes.

¡Eh, compañeros, aquí estamos!
Bajo el sol
nuestra piel sudorosa reflejará los rostros húmedos
    de los vencidos,
y en la noche, mientras los astros ardan en la punta
    de nuestras llamas,
nuestra risa madrugará sobre los ríos y los pájaros.

César Vallejo
Los heraldos negros

ÁGAPE

Hoy no ha venido nadie a preguntar;
ni me han pedido en esta tarde nada.

No he visto ni una flor de cementerio
en tan alegre procesión de luces.
Perdóname, Señor: qué poco he muerto!

En esta tarde todos, todos pasan
sin preguntarme ni pedirme nada.

Y no sé qué se olvidan y se queda
mal en mis manos, como cosa ajena.

He salido a la puerta,
y me dan ganas de gritar a todos:
Si echan de menos algo, aquí se queda!

Porque en todas las tardes de esta vida,
yo no sé con qué puertas dan a un rostro,
y algo ajeno se toma el alma mía.

Hoy no ha venido nadie;
y hoy he muerto qué poco en esta tarde!

10

Hemos perdido aun este crepúsculo.
Nadie nos vio esta tarde con las manos unidas
mientras la noche azul caía sobre el mundo.

He visto desde mi ventana
la fiesta del poniente en los cerros lejanos.

A veces como una moneda
se encendía un pedazo de sol entre mis manos.

Yo te recordaba con el alma apretada
de esa tristeza que tú me conoces.

Entonces, dónde estabas?
Entre qué genes?
Diciendo qué palabras?
Por qué se me vendrá todo el amor de golpe
cuando me siento triste, y te siento lejana?

Cayó el libro que siempre se toma en el crepúsculo,
y como un perro herido rodó a mis pies mi capa.

Siempre, siempre te alejas en las tardes
hacia donde el crepúsculo corre borrando estatuas.

Nicolás Guillén
Sóngoro Cosongo

CANTO NEGRO

¡Yambambó, yambambé!
Repica el congo solongo,
repica el negro bien negro;
congo solongo del Songo
baila yambó sobre un pie.

Mamatomba,
serembe cuserembá.

El negro canta y se ajuma,
el negro se ajuma y canta,
el negro canta y se va.
Acuememe serembó,
aé;
yambó,
aé.

Tamba, tamba, tamba, tamba,
tamba del negro que tumba;
tumba del negro, caramba,
caramba, que el negro tumba:
¡yamba, yambó, yambambé!

César Vallejo
Los heraldos negros

LA CENA MISERABLE

Hasta cuándo estaremos esperando lo que
no se nos debe... Y en qué recodo estiraremos
nuestra pobre rodilla para siempre! Hasta cuándo
la cruz que nos alienta no detendrá sus remos.

Hasta cuándo la Duda nos brindará blasones
por haber padecido...
                Ya nos hemos sentado
mucho a la mesa, con la amargura de un niño
que a media noche, llora de hambre, desvelado...

Y cuándo nos veremos con los demás, al borde
de una mañana eterna, desayunados todos.
Hasta cuándo este valle de lágrimas, a donde
yo nunca dije que me trajeran.
                De codos,
todo bañado en llanto, repito cabizbajo
y vencido: hasta cuándo la cena durará.

Hay alguien que ha bebido mucho, y se burla,
y acerca y aleja de nosotros, como negra cuchara
de amarga esencia humana, la tumba...
                Y menos sabe
ese oscuro hasta cuándo la cena durará!

20

Puedo escribir los versos más tristes esta noche.

Escribir, por ejemplo: "La noche está estrellada,
y tiritan, azules, los astros, a lo lejos".

El viento de la noche gira en el cielo y canta.

Puedo escribir los versos más tristes esta noche.
Yo la quise, y a veces ella también me quiso.

En las noches como ésta la tuve entre mis brazos.
La besé tantas veces bajo el cielo infinito.

Ella me quiso, a veces yo también la quería.
Cómo no haber amado sus grandes ojos fijos.

Puedo escribir los versos más tristes esta noche.
Pensar que no la tengo. Sentir que la he perdido.

Oír la noche inmensa, más inmensa sin ella.
Y el verso cae al alma como al pasto el rocío.

Qué importa que mi amor no pudiera guardarla.
La noche está estrellada y ella no está conmigo.

Eso es todo. A lo lejos alguien canta. A lo lejos.
Mi alma no se contenta con haberla perdido.

Como para acercarla mi mirada la busca.
Mi corazón la busca, y ella no está conmigo.

La misma noche que hace blanquear los mismos árboles.
Nosotros, los de entonces, ya no somos los mismos.

Ya no la quiero, es cierto, pero cuánto la quise.
Mi voz buscaba el viento para tocar su oído.

De otro. Será de otro. Como antes de mis besos.
Su voz, su cuerpo claro. Sus ojos infinitos.

Ya no la quiero, es cierto, pero tal vez la quiero.
Es tan corto el amor, y es tan largo el olvido.

Porque en noches como ésta la tuve entre mis brazos,
mi alma no se contenta con haberla perdido.

Aunque éste sea el último dolor que ella me causa,
y éstos sean los últimos versos que yo le escribo.

Nicolás Guillén
Sóngoro Cosongo

VELORIO DE PAPÁ MONTERO

Quemaste la madrugada
con fuego de tu guitarra:
zumo de caña en la jícara
de tu carne prieta y viva,
bajo luna muerta y blanca.

El son te salió redondo
y mulato, como un níspero.

Bebedor de trago largo,
garguero de hoja de lata,
en mar de ron barco suelto,
jinete de la cumbancha:
¿qué vas a hacer con la noche,
si ya no podrás tomártela,
ni qué vena te dará
la sangre que te hace falta,
si se te fue por el caño
negro de la puñalada?

¡Ahora sí que te rompieron,
Papá Montero!

En el solar te esperaban,
pero te trajeron muerto;
fue bronca de jaladera,
pero te trajeron muerto;

dicen que él era tu ecobio,
pero te trajeron muerto;
el hierro no apareció,
pero te trajeron muerto.

Ya se acabó Baldomero:
¡zumba, canalla y rumbero!

Sólo dos velas están
quemando un poco de sombra;
para tu pequeña muerte
con esas dos velas sobra.
Y aun te alumbran, más que velas,
la camisa colorada
que iluminó tus canciones,
la prieta sal de tus sones
y tu melena planchada.

¡Ahora sí que te rompieron,
Papá Montero!

Hoy amaneció la luna
en el patio de mi casa;
de filo cavó en la tierra
y allí se quedó clavada.
Los muchachos la cogieron
para lavarle la cara,
y yo la traje esta noche
y te la puse de almohada.

César Vallejo
Los heraldos negros

LOS DADOS ETERNOS

Dios mío, estoy llorando el ser que vivo;
me pesa haber tomádote tu pan;
pero este pobre barro pensativo
no es costra fermentada en tu costado:
tú no tienes Marías que se van!

Dios mío, si tú hubieras sido hombre,
hoy supieras ser Dios;
pero tú, que estuviste siempre bien,
no sientes nada de tu creación.
Y el hombre sí te sufre: el Dios es él!

Hoy que en mis ojos brujos hay candelas,
como en un condenado,
Dios mío, prenderás todas tus velas,
y jugaremos con el viejo dado…
Tal vez ¡oh jugador! al dar la suerte
del universo todo,
surgirán las ojeras de la Muerte,
como dos ases fúnebres de lodo.

Dios mío, y esta noche sorda, oscura,
ya no podrás jugar, porque la Tierra
es un dado roído y ya redondo
a fuerza de rodar a la aventura,
que no puede parar sino en un hueco,
en el hueco de inmensa sepultura.

Pablo Neruda
Veinte poemas de amor y una canción desesperada

LA CANCIÓN DESESPERADA

Emerge tu recuerdo de la noche en que estoy.
El río anuda al mar su lamento obstinado.

Abandonado como los muelles en el alba.
Es la hora de partir, oh abandonado!

Sobre mi corazón llueven frías corolas.
Oh sentina de escombros, feroz cueva de náufragos!

En ti se acumularon las guerras y los vuelos.
De ti alzaron las alas los pájaros del canto.

Todo te lo tragaste, como la lejanía.
Como el mar, como el tiempo. Todo en ti fue naufragio!

Era la alegre hora del asalto y el beso.
La hora del estupor que ardía como un faro.

Ansiedad de piloto, furia de buzo ciego,
turbia embriaguez de amor, todo en ti fue naufragio!

En la infancia de niebla mi alma alada y herida.
Descubridor perdido, todo en ti fue naufragio!

Te ceñiste al dolor, te agarraste al deseo.
Te tumbó la tristeza, todo en ti fue naufragio!

Hice retroceder la muralla de sombra,
anduve más allá del deseo y del acto.

Oh carne, carne mía, mujer que amé y perdí,
a ti en esta hora húmeda, evoco y hago canto.

Como un vaso albergaste la infinita ternura,
y el infinito olvido te trizó como a un vaso.

Era la negra, negra soledad de las islas,
y allí, mujer de amor, me acogieron tus brazos.

Era la sed y el hambre, y tú fuiste la fruta.
Era el duelo y las ruinas, y tú fuiste el milagro.

Ah mujer, no sé cómo pudiste contenerme
en la tierra de tu alma, y en la cruz de tus brazos!

Mi deseo de ti fue el más terrible y corto,
el más revuelto y ebrio, el más tirante y ávido.

Cementerio de besos, aún hay fuego en tus tumbas,
aún los racimos arden picoteados de pájaros.

Oh la boca mordida, oh los besados miembros,
oh los hambrientos dientes, oh los cuerpos trenzados.

Oh la cópula loca de esperanza y esfuerzo
en que nos anudamos y nos desesperamos.

Y la ternura, leve como el agua y la harina.
Y la palabra apenas comenzada en los labios.

Ése fue mi destino y en él viajó mi anhelo,
y en él cayó mi anhelo, todo en ti fue naufragio!

Oh sentina de escombros, en ti todo caía,
qué dolor no exprimiste, qué olas no te ahogaron.

De tumbo en tumbo aún llameaste y cantaste
de pie como un marino en la proa de un barco.

Aún floreciste en cantos, aún rompiste en corrientes.
Oh sentina de escombros, pozo abierto y amargo.

Pálido buzo ciego, desventurado hondero,
descubridor perdido, todo en ti fue naufragio!

Es la hora de partir, la dura y fría hora
que la noche sujeta a todo horario.

El cinturón ruidoso del mar ciñe la costa.
Surgen frías estrellas, emigran negros pájaros.

Abandonado como los muelles en el alba.
Sólo la sombra trémula se retuerce en mis manos.

Ah más allá de todo. Ah más allá de todo.

Es la hora de partir. Oh abandonado!

Nicolás Guillén
Sóngoro Cosongo

CAÑA

El negro
junto al cañaveral.

El yanqui
sobre el cañaveral.

La tierra
bajo el cañaveral.

¡Sangre
que se nos va!

César Vallejo
Los heraldos negros

LOS PASOS LEJANOS

Mi padre duerme. Su semblante augusto
figura un apacible corazón;
está ahora tan dulce…
si hay algo en él de amargo, seré yo.

Hay soledad en el hogar; se reza;
y no hay noticias de los hijos hoy.
Mi padre se despierta, ausculta
la huida a Egipto, el restañante adiós.
Está ahora tan cerca;
si hay algo en él de lejos, seré yo.

Y mi madre pasea allá en los huertos,
saboreando un sabor ya sin sabor.
Está ahora tan suave,
tan ala, tan salida, tan amor.

Hay soledad en el hogar sin bulla,
sin noticias, sin verde, sin niñez.
Y si hay algo quebrado en esta tarde,
y que baja y que cruje,
son dos viejos caminos blancos, curvos.
Por ellos va mi corazón a pie.

Pablo Neruda
Residencia en la tierra, 1

JUNTOS NOSOTROS

Qué pura eres de sol o de noche caída,
qué triunfal desmedida tu órbita de blanco,
y tu pecho de pan, alto de clima,
tu corona de árboles negros, bienamada,
y tu nariz de animal solitario, de oveja salvaje
que huele a sombra y a precipitada fuga tiránica.
Ahora, qué armas espléndidas mis manos,
digna su pala de hueso y su lirio de uñas,
y el puesto de mi rostro, y el arriendo de mi alma
están situados en lo justo de la fuerza terrestre.

Qué pura mi mirada de nocturna influencia,
caída de ojos oscuros y feroz acicate,
mi simétrica estatua de piernas gemelas
sube hacia estrellas húmedas cada mañana,
y mi boca de exilio muerde la carne y la uva,
mis brazos de varón, mi pecho tatuado
en que penetra el vello como ala de estaño,
mi cara blanca hecha para la profundidad del sol,
mi pelo hecho de ritos, de minerales negros,
mi frente, penetrante como golpe o camino,
mi piel de hijo maduro, destinado al arado,
mis ojos de sal ávida, de matrimonio rápido,
mi lengua amiga blanda del dique y del buque,
mis dientes de horario blanco, de equidad sistemática,
la piel que hace a mi frente un vacío de hielos
y en mi espalda se torna, y vuela en mis párpados,
y se repliega sobre mi más profundo estímulo,

y crece hacia las rosas en mis dedos,
en mi mentón de hueso y en mis pies de riqueza.

Y tú como un mes de estrella, como un beso fijo,
como estructura de ala, o comienzos de otoño,
niña, mi partidaria, mi amorosa,
la luz hace su lecho bajo tus grandes párpados
dorados como bueyes, y la paloma redonda
hace sus nidos blancos frecuentemente en ti.

Hecha de ola en lingotes y tenazas blancas,
tu salud de manzana furiosa se estira sin límite,
el tonel temblador en que escucha tu estómago,
tus manos hijas de la harina y del cielo.

Qué parecida eres al más largo beso,
su sacudida fija parece nutrirte,
y su empuje de brasa, de bandera revuelta,
va latiendo en tus dominios y subiendo temblando,
y entonces tu cabeza se adelgaza en cabellos,
y su forma guerrera, su círculo seco,
se desploma de súbito en hilos lineales
como filos de espadas o herencias del humo.

Nicolás Guillén
Sóngoro Cosongo

SECUESTRO DE LA MUJER DE ANTONIO

Te voy a beber de un trago,
como una copa de ron;
te voy a echar en la copa
de un son,
prieta, quemada en ti misma,
cintura de mi canción.

Záfate tu chal de espumas
para que torees la rumba;
y si Antonio se disgusta
que se corra por ahí:
¡la mujer de Antonio tiene
que bailar aquí!

Desamárrate, Gabriela.
Muerde
la cáscara verde,
pero no apagues la vela;
tranca
la pájara blanca,
y vengan de dos en dos,
que el bongó
se calentó…

De aquí no te irás, mulata,
ni al mercado ni a tu casa;
aquí molerán tus ancas
la zafra de tu sudor;

repique, pique, repique,
repique, repique, pique,
pique, repique, repique,
¡po!

Semillas las de tus ojos
darán sus frutos espesos;
y si viene Antonio luego
que ni en jarana pregunte
cómo es que tú estás aquí...
Mulata, mora, morena,
que ni el más toro se mueva,
porque el que más toro sea
saldrá caminando así;
el mismo Antonio, si llega,
saldrá caminando así;
todo el que no esté conforme,
saldrá caminando así...
Repique, repique, pique,
repique, repique, po;
¡prieta, quemada en ti misma,
cintura de mi canción!

César Vallejo
Los heraldos negros

A MI HERMANO MIGUEL

Hermano, hoy estoy en el poyo de la casa,
donde nos haces una falta sin fondo!
Me acuerdo que jugábamos esta hora, y que mamá
nos acariciaba: "Pero, hijos…"

Ahora yo me escondo,
como antes, todas estas oraciones
vespertinas, y espero que tú no des conmigo.
Por la sala, el zaguán, los corredores.
Después, te ocultas tú, y yo no doy contigo.
Me acuerdo que nos hacíamos llorar,
hermano, en aquel juego.

Miguel, tú te escondiste
una noche de Agosto, al alborear;
pero, en vez de ocultarte riendo, estabas triste.
Y tu gemelo corazón de esas tardes
extintas se ha aburrido de no encontrarte. Y ya
cae sombra en el alma.

Oye, hermano, no tardes
en salir. Bueno? Puede inquietarse mamá.

Pablo Neruda
Residencia en la tierra, 1

RITUAL DE MIS PIERNAS

Largamente he permanecido mirando mis largas piernas,
con ternura infinita y curiosa, con mi acostumbrada
    pasión,
como si hubieran sido las piernas de una mujer divina
profundamente sumida en el abismo de mi tórax:
y es que, la verdad, cuando el tiempo, el tiempo pasa,
sobre la tierra, sobre el techo, sobre mi impura cabeza,
y pasa, el tiempo pasa, y en mi lecho no siento de noche
    que una mujer está respirando, durmiendo desnuda
    y a mi lado,
entonces, extrañas, oscuras cosas toman el lugar de la
    ausente,
viciosos, melancólicos pensamientos
siembran pesadas posibilidades en mi dormitorio,
y así, pues, miro mis piernas como si pertenecieran a
    otro cuerpo,
y fuerte y dulcemente estuvieran pegadas a mis entrañas.

Como tallos o femeninas, adorables cosas,
desde las rodillas suben, cilíndricas y espesas,
con turbado y compacto material de existencia;
como brutales, gruesos brazos de diosa,
como árboles monstruosamente vestidos de seres
    humanos,
como fatales, inmensos labios sedientos y tranquilos,
son allí la mejor parte de mi cuerpo:
lo enteramente substancial, sin complicado contenido
de sentidos o tráqueas o intestinos o ganglios:

nada, sino lo puro, lo dulce y espeso de mi propia vida,
guardando la vida, sin embargo, de una manera completa.

Las gentes cruzan el mundo en la actualidad
sin apenas recordar que poseen un cuerpo y en él la vida,
y hay miedo, hay miedo en el mundo de las palabras
    que designan el cuerpo,
y se habla favorablemente de la ropa,
de pantalones es posible hablar, de trajes,
y de ropa interior de mujer (de medias y ligas de
    "señora"),
como si por las calles fueran las prendas y los trajes
    vacíos por completo.
y un oscuro y obsceno guardarropas ocupara el mundo.

Tienen existencia los trajes, color, forma, designio,
y profundo lugar en nuestros mitos, demasiado lugar,
demasiados muebles y demasiadas habitaciones hay en
    el mundo,
y mi cuerpo vive entre y bajo tantas cosas abatido,
con un pensamiento fijo de esclavitud y de cadenas.
Bueno, mis rodillas, como nudos,
particulares, funcionarios, evidentes,
separan las mitades de mis piernas en forma seca:
y en realidad dos mundos diferentes, dos sexos diferentes
no son tan diferentes como las dos mitades de mis
    piernas.
Desde la rodilla hasta el pie una forma dura,
mineral, fríamente útil, aparece,
una criatura de hueso y persistencia,
y los tobillos no son ya sino el propósito desnudo,
la exactitud y lo necesario dispuestos en definitiva.
Sin sensualidad, cortas y duras, y masculinas,
son allí mis piernas, y dotadas
de grupos musculares como animales complementarios,

y allí también una vida, una sólida, sutil, aguda vida
sin temblar permanece, aguardando y actuando.
En mis pies cosquillosos,
y duros como el sol, abiertos como flores,
y perpetuos, magníficos soldados
en la guerra gris del espacio,
todo termina, la vida termina definitivamente en mis pies,
lo extranjero y lo hostil allí comienza:
los nombres del mundo, lo fronterizo y lo remoto,
lo substantivo y lo adjetivo que no caben en mi corazón
con densa y fría constancia allí se originan.

Siempre,
productos manufacturados, medias, zapatos,
o simplemente aire infinito,
habrá entre mis pies y la tierra
extremando lo aislado y lo solitario de mi ser,
algo tenazmente supuesto entre mi vida y la tierra,
algo abiertamente invencible y enemigo.

Nicolás Guillén
West Indies, Ltd.

SENSEMAYÁ

Canto para matar a una culebra.

¡Mayombe—bombe—mayombé!
¡Mayombe—bombe—mayombé!
¡Mayombe—bombe—mayombé!

La culebra tiene los ojos de vidrio;
la culebra viene y se enreda en un palo;
con sus ojos de vidrio, en un palo,
con sus ojos de vidrio.

La culebra camina sin patas;
la culebra se esconde en la yerba;
caminando se esconde en la yerba,
caminado sin patas.

¡Mayombe—bombe—mayombé!
¡Mayombe—bombe—mayombé!
¡Mayombe—bombe—mayombé!

Tú le das con el hacha y se muere:
¡dale ya!
¡No le des con el pie, que te muerde,
no le des con el pie, que se va!

Sensemayá, la culebra,
sensemayá.
Sensemayá, con sus ojos,
sensemayá.

Sensemayá, con su lengua,
sensemayá.
Sensemayá, con su boca,
sensemayá.

La culebra muerta no puede comer,
la culebra muerta no puede silbar,
no puede caminar,
no puede correr.
La culebra muerta no puede mirar,
la culebra muerta no puede beber,
no puede respirar
no puede morder.

¡Mayombe—bombe—mayombé!
Sensemayá, la culebra...
¡Mayombe—bombe—mayombé!
Sensemayá, no se mueve...
¡Mayombe—bombe—mayombé!
Sensemayá, la culebra...
¡Mayombe—bombe—mayombé!
Sensemayá, se murió.

César Vallejo
Los heraldos negros

ESPERGESIA

Yo nací un día
que Dios estuvo enfermo.

Todos saben que vivo,
que soy malo; y no saben
del Diciembre de ese Enero.
Pues yo nací un día
que Dios estuvo enfermo.

Hay un vacío
en mi aire metafísico
que nadie ha de palpar:
el claustro de un silencio
que habló a flor de fuego.

Yo nací un día
que Dios estuvo enfermo.

Hermano, escucha, escucha.........
Bueno. Y que no me vaya
sin llevar diciembres,
sin dejar eneros.
Pues yo nací un día
que Dios estuvo enfermo.

Todos saben que vivo,
que mastico... Y no saben
por qué en mi verso chirrían,

oscuro sinsabor de féretro,
luyidos vientos
desenroscados de la Esfinge
preguntona del Desierto.

Todos saben... Y no saben
que la Luz es tísica,
y la Sombra gorda...............
Y no saben que el Misterio sintetiza.........
que él es la joroba
musical y triste que a distancia denuncia
el paso meridiano de las lindes a las Lindes.

Yo nací un día
que Dios estuvo enfermo,
grave.

Pablo Neruda
Residencia en la tierra, 2

ODA CON UN LAMENTO

Oh niña entre las rosas, oh presión de palomas,
oh presidio de peces y rosales,
tu alma es una botella llena de sal sedienta
y una campana llena de uvas es tu piel.

Por desgracia no tengo para darte sino uñas
o pestañas, o pianos derretidos,
o sueños que salen de mi corazón a borbotones,
polvorientos sueños que corren como jinetes negros,
sueños llenos de velocidades y desgracias.

Sólo puedo quererte con besos y amapolas,
con guirnaldas mojadas por la lluvia,
mirando cenicientos caballos y perros amarillos.
Sólo puedo quererte con olas a la espalda,
entre vagos golpes de azufre y aguas ensimismadas,
nadando en contra de los cementerios que corren en
    ciertos ríos
con pasto mojado creciendo sobre las tristes tumbas de
    yeso,
nadando a través de corazones sumergidos
y pálidas planillas de niños insepultos.

Hay mucha muerte, muchos acontecimientos funerarios
en mis desamparadas pasiones y desolados besos,
hay el agua que cae en mi cabeza,
mientras crece mi pelo,
un agua como el tiempo, un agua negra desencadenada,

66

con una voz nocturna, con un grito
de pájaro en la lluvia, con una interminable
sombra de ala mojada que protege mis huesos:
mientras me visto, mientras
interminablemente me miro en los espejos y en los
   vidrios,
oigo que alguien me sigue llamándome a sollozos
con una triste voz podrida por el tiempo.

Tú estás de pie sobre la tierra, llena
de dientes y relámpagos.
Tú propagas los besos y matas las hormigas,
Tú lloras de salud, de cebolla, de abeja,
de abecedario ardiendo.
Tú eres como una espada azul y verde
y ondulas al tocarte, como un río.
Ven a mi alma vestida de blanco, con un ramo
de ensangrentadas rosas y copas de cenizas,
ven con una manzana y un caballo,
porque allí hay una sala oscura y un candelabro roto,
unas sillas torcidas que esperan el invierno,
y una paloma muerta, con un número.

Nicolás Guillén
West Indies, Ltd.

EL ABUELO

Esta mujer angélica de ojos septentrionales,
que vive atenta al ritmo de su sangre europea,
ignora que en lo hondo de ese ritmo golpea
un negro el parche duro de roncos atabales.

Bajo la línea escueta de su nariz aguda,
la boca, en fino trazo, traza una raya breve,
y no hay cuervo que manche la solitaria nieve
de su carne, que fulge temblorosa y desnuda.

¡Ah, mi señora! Mírate las venas misteriosas;
boga en el agua viva que allá dentro te fluye,
y ve pasando lirios, nelumbios, lotos, rosas;

que ya verás, inquieta, junto a la fresca orilla
la dulce sombra oscura del abuelo que huye,
el que rizó por siempre tu cabeza amarilla.

Pablo Neruda
Residencia en la tierra, 2

No hay olvido (sonata)

Si me preguntáis en dónde he estado
debo decir "Sucede".
Debo de hablar del suelo que oscurecen las piedras,
del río que durando se destruye:
no sé sino las cosas que los pájaros pierden,
el mar dejado atrás, o mi hermana llorando.
Por qué tantas regiones, por qué un día
se junta con un día? Por qué una negra noche
se acumula en la boca? Por qué muertos?
Si me preguntáis de dónde vengo, tengo que conversar
    con cosas rotas,
con utensilios demasiado amargos,
con grandes bestias a menudo podridas
y con mi acongojado corazón.

No son recuerdos los que se han cruzado
ni es la paloma amarillenta que duerme en el olvido,
sino caras con lágrimas,
dedos en la garganta,
y lo que se desploma de las hojas:
la oscuridad de un día transcurrido,
de un día alimentado con nuestra triste sangre.

He aquí violetas, golondrinas,
todo cuanto nos gusta y aparece
en las dulces tarjetas de larga cola
por donde se pasean el tiempo y la dulzura.

Pero no penetremos más allá de esos dientes,
no mordamos las cáscaras que el silencio acumula,
porque no sé qué contestar:
hay tantos muertos,
y tantos malecones que el sol rojo partía,
y tantas cabezas que golpean los buques,
y tantas manos que han encerrado besos,
y tantas cosas que quiero olvidar.

Nicolás Guillén
West Indies, Ltd.

BALADA DE LOS DOS ABUELOS

Sombras que sólo yo veo,
me escoltan mis dos abuelos.

Lanza con punta de hueso,
tambor de cuero y madera:
mi abuelo negro.
Gorguera en el cuello ancho,
gris armadura guerrera:
mi abuelo blanco.

Pie desnudo, torso pétreo
los de mi negro;
pupilas de vidrio antártico
las de mi blanco!

África de selvas húmedas
y de gordos gongos sordos…
—¡Me muero!
(Dice mi abuelo negro.)
Aguaprieta de caimanes,
verdes mañanas de cocos…
—¡Me canso!
(Dice mi abuelo blanco.)
Oh velas de amargo viento,
galeón ardiendo en oro…
—¡Me muero!
(Dice mi abuelo negro.)
¡Oh costas de cuello virgen
engañadas de abalorios…!

—¡Me canso!
(Dice mi abuelo blanco.)
¡Oh puro sol repujado,
preso en el aro del trópico;
oh luna redonda y limpia
sobre el sueño de los monos!

¡Qué de barcos, qué de barcos!
¡Qué de negros, qué de negros!
¡Qué largo fulgor de cañas!
¡Qué látigo el del negrero!
Piedra de llanto y de sangre,
venas y ojos entreabiertos,
y madrugadas vacías,
y atardeceres de ingenio,
y una gran voz, fuerte voz,
despedazando el silencio.
¡Qué de barcos, qué de barcos,
qué de negros!

Sombras que sólo yo veo,
me escoltan mis dos abuelos.

Don Federico me grita
y Taita Facundo calla;
los dos en la noche sueñan
y andan, andan.
Yo los junto.

      —¡Federico!
¡Facundo! Los dos se abrazan.
Los dos suspiran. Los dos
las fuertes cabezas alzan;
los dos del mismo tamaño,
bajo las estrellas altas;

los dos del mismo tamaño,
ansia negra y ansia blanca,
los dos del mismo tamaño,
gritan, sueñan, lloran, cantan.
Sueñan, lloran, cantan.
Lloran, cantan.
¡Cantan!

César Vallejo
Trilce

XI

He encontrado a una niña
en la calle, y me ha abrazado.
Equis, disertada, quien la halló y la halle,
no la va a recordar.

Esta niña es mi prima. Hoy, al tocarle
el talle, mis manos han entrado en su edad
como en par de mal rebocados sepulcros.
Y por la misma desolación marchóse,
            delta al sol tenebloso,
            trina entre los dos.

            "Me he casado",
me dice. Cuando lo que hicimos de niños
en casa de la tía difunta.
            Se ha casado.
            Se ha casado.

Tardes años latitudinales,
qué verdaderas ganas nos ha dado
de jugar a los toros, a las yuntas,
pero todo de engaños, de candor, como fue.

74

Pablo Neruda
Tercera residencia

EXPLICO ALGUNAS COSAS

Preguntaréis: Y dónde están las lilas?
Y la metafísica cubierta de amapolas?
Y la lluvia que a menudo golpeaba
sus palabras llenándolas
de agujeros y pájaros?

Os voy a contar todo lo que me pasa.

Yo vivía en un barrio
de Madrid, con campanas,
con relojes, con árboles.

Desde allí se veía
el rostro seco de Castilla
como un océano de cuero.
         Mi casa era llamada
la casa de las flores, porque por todas partes
estallaban geranios: era
una bella casa
con perros y chiquillos.
         Raúl, te acuerdas?
Te acuerdas, Rafael?
         Federico, te acuerdas
debajo de la tierra,
te acuerdas de mi casa con balcones en donde
la luz de junio ahogaba flores en tu boca?
         Hermano, hermano!

Todo
eran grandes voces, sal de mercaderías,
aglomeraciones de pan palpitante,
mercados de mi barrio de Argüelles con su estatua
como un tintero pálido entre las merluzas:
el aceite llegaba a las cucharas,
un profundo latido
de pies y manos llenaba las calles,
metros, litros, esencia
aguda de la vida,

                    pescados hacinados,
contextura de techos con sol frío en el cual
la flecha se fatiga,
delirante marfil fino de las patatas,
tomates repetidos hasta el mar.

Y una mañana todo estaba ardiendo
y una mañana las hogueras
salían de la tierra
devorando seres,
y desde entonces fuego,
pólvora desde entonces,
y desde entonces sangre.
Bandidos con aviones y con moros,
bandidos con sortijas y duquesas,
bandidos con frailes negros bendiciendo
venían por el cielo a matar niños,
y por las calles la sangre de los niños
corría simplemente, como sangre de niños.

Chacales que el chacal rechazaría,
piedras que el cardo seco mordería escupiendo,
víboras que las víboras odiaran!

Frente a vosotros he visto la sangre
de España levantarse
para ahogaros en una sola ola
de orgullo y de cuchillos!

Generales
traidores:
mirad mi casa muerta,
mirad España rota:
pero de cada casa muerta sale metal ardiendo
en vez de flores,
pero de cada hueco de España
sale España,
pero de cada niño muerto sale un fusil con ojos,
pero de cada crimen nacen balas
que os hallarán un día el sitio
del corazón.

Preguntaréis por qué su poesía
no nos habla del sueño, de las hojas,
de los grandes volcanes de su país natal?

Venid a ver la sangre por las calles,
venid a ver
la sangre por las calles,
venid a ver la sangre
por las calles!

Nicolás Guillén
España

ANGUSTIA CUARTA

Federico

Toco a la puerta de un romance.
—¿No anda por aquí Federico?
Un papagayo me contesta:
—Ha salido.

Toco a una puerta de cristal.
—¿No anda por aquí Federico?
Viene una mano y me señala:
—Está en el río.

Toco a la puerta de un gitano.
—¿No anda por aquí Federico?
Nadie responde, no habla nadie…
—¡Federico! ¡Federico!

La casa oscura, vacía;
negro musgo en las paredes;
brocal de pozo sin cubo,
jardín de lagartos verdes.

Sobre la tierra mullida
caracoles que se mueven,
y el rojo viento de julio
entre las ruinas, meciéndose.

¡Federico!
¿Dónde el gitano se muere?

¿Dónde sus ojos se enfrían?
¡Dónde estará, que no viene!

(UNA CANCIÓN)

Salió el domingo, de noche,
salió el domingo, y no vuelve.
Llevaba en la mano un lirio,
llevaba en los ojos fiebre;
el lirio se tornó sangre,
la sangre tornóse muerte.

(MOMENTO EN GARCÍA LORCA)

Soñaba Federico en nardo y cera,
y aceituna y clavel y luna fría.
Federico, Granada y Primavera.

En afilada soledad dormía,
al pie de sus ambiguos limoneros,
echado musical junto a la vía.

Alta la noche, ardiente de luceros,
arrastraba su cola transparente
por todos los caminos carreteros.

"!Federico!", gritaron de repente,
con las manos inmóviles, atadas,
gitanos que pasaban lentamente.

¡Qué voz la de sus venas desangradas!
¡Qué ardor el de sus cuerpos ateridos!
¡Qué suaves sus pisadas, sus pisadas!

Iban verdes, recién anochecidos;
en el duro camino invertebrado
caminaban descalzos los sentidos.

Alzóse Federico, en luz bañado.
Federico, Granada y Primavera.
Y con luna y clavel y nardo y cera,
los siguió por el monte perfumado.

César Vallejo
Trilce

XV

En el rincón aquel, donde dormimos juntos
tantas noches, ahora me he sentado
a caminar. La cuja de los novios difuntos
fue sacada, o tal vez qué habrá pasado.

Has venido temprano a otros asuntos,
y ya no estás. Es el rincón
donde a tu lado, leí una noche,
entre tus tiernos puntos,
un cuento de Daudet. Es el rincón
amado. No lo equivoques.

Me he puesto a recordar los días
de verano idos, tu entrar y salir,
poca y harta y pálida por los cuartos.

En esta noche pluviosa,
ya lejos de ambos dos, salto de pronto…
Son dos puertas abriéndose cerrándose,
dos puertas que al viento van y vienen
sombra   a   sombra.

Pablo Neruda
Tercera residencia

UN CANTO PARA BOLÍVAR

Padre nuestro que estás en la tierra, en el agua, en el aire
de toda nuestra extensa latitud silenciosa,
todo lleva tu nombre, padre, en nuestra morada:
tu apellido la caña levanta a la dulzura,
el estaño bolívar tiene un fulgor bolívar,
el pájaro bolívar sobre el volcán bolívar,
la patata, el salitre, las sombras especiales,
las corrientes, las vetas de fosfórica piedra,
todo lo nuestro viene de tu vida apagada,
tu herencia fueron ríos, llanuras, campanarios,
tu herencia es el pan nuestro de cada día, padre.

Tu pequeño cadáver de capitán valiente
ha extendido en lo inmenso su metálica forma,
de pronto salen dedos tuyos entre la nieve
y el austral pescador saca a la luz de pronto
tu sonrisa, tu voz palpitando en las redes.

De qué color la rosa que junto a tu alma alcemos?
Roja será la rosa que recuerde tu paso.
Cómo serán las manos que toquen tu ceniza?
Rojas serán las manos que en tu ceniza nacen.
Y cómo es la semilla de tu corazón muerto?
Es roja la semilla de tu corazón vivo.

Por eso es hoy la ronda de manos junto a ti.
Junto a mi mano hay otra y hay otra junto a ella,

y otra más, hasta el fondo del continente oscuro.
Y otra mano que tú no conociste entonces
viene también, Bolívar, a estrechar a la tuya:
de Teruel, de Madrid, del Jarama, del Ebro,
de la cárcel, del aire, de los muertos de España
llega esta mano roja que es hija de la tuya.

Capitán, combatiente, donde una boca
grita libertad, donde un oído escucha,
donde un soldado rojo rompe una frente parda,
donde un laurel de libres brota, donde una nueva
bandera se adorna con la sangre de nuestra insigne
    aurora,
Bolívar, capitán, se divisa tu rostro.
Otra vez entre pólvora y humo tu espada está naciendo.
Otra vez tu bandera con sangre se ha bordado.
Los malvados atacan tu semilla de nuevo,
clavado en otra cruz está el hijo del hombre.

Pero hacia la esperanza nos conduce tu sombra,
el laurel y la luz de tu ejército rojo
a través de la noche de América con tu mirada mira.
Tus ojos que vigilan más allá de los mares,
más allá de los pueblos oprimidos y heridos,
más allá de las negras ciudades incendiadas,
tu voz nace de nuevo, tu mano otra vez nace:
tu ejército defiende las banderas sagradas:
la Libertad sacude las campanas sangrientas,
y un sonido terrible de dolores precede
la aurora enrojecida por la sangre del hombre.
Libertador, un mundo de paz nació en tus brazos.
La paz, el pan, el trigo de tu sangre nacieron,
de nuestra joven sangre venida de tu sangre
saldrán paz, pan y trigo para el mundo que haremos.

Yo conocí a Bolívar una mañana larga,
en Madrid, en la boca del Quinto Regimiento,
Padre, le dije, eres o no eres o quién eres?
Y mirando el Cuartel de la Montaña, dijo:
"Despierto cada cien años cuando despierta el pueblo".

Nicolás Guillén
Cantos para soldados y los sones para turistas

NO SÉ POR QUÉ PIENSAS TÚ

No sé por qué piensas tú,
soldado, que te odio yo,
si somos la misma cosa
yo,
tú.

Tú eres pobre, lo soy yo;
soy de abajo, lo eres tú;
¿de dónde has sacado tú,
soldado, que te odio yo?

Me duele que a veces tú
te olvides de quién soy yo;
caramba, si yo soy tú,
lo mismo que tú eres yo.

Pero no por eso yo
he de malquererte, tú;
si somos la misma cosa,
yo,
tú,
no sé por qué piensas tú,
soldado, que te odio yo.

Ya nos veremos yo y tú,
juntos en la misma calle,
hombro con hombro, tú y yo,
sin odios ni yo ni tú,

pero sabiendo tú y yo,
a dónde vamos yo y tú…
¡No sé por qué piensas tú,
soldado, que te odio yo!

César Vallejo
Trilce

XVIII

Oh las cuatro paredes de la celda.
Ah las cuatro paredes albicantes
que sin remedio dan al mismo número.

Criadero de nervios, mala brecha,
por sus cuatro rincones cómo arranca
las diarias aherrojadas extremidades.

Amorosa llavera de innumerables llaves,
si estuvieras aquí, si vieras hasta
qué hora son cuatro estas paredes.
Contra ellas seríamos contigo, los dos,
más dos que nunca. Y ni lloraras,
di, libertadora!

Ah las paredes de la celda.
De ellas me duelen entre tanto, más
las dos largas que tienen esta noche
algo de madres que ya muertas
llevan por bromurados declives,
a un niño de la mano cada una.

Y sólo yo me voy quedando,
con la diestra, que hace por ambas manos,
en alto, en busca de terciario brazo
que ha de pupilar, entre mi donde y mi cuando,
esta mayoría inválida de hombre.

Pablo Neruda
Canto general

ALTURAS DE MACCHU PICCHU

VIII

Sube conmigo, amor americano.

Besa conmigo las piedras secretas.
La plata torrencial del Urubamba
hace volar el polen a su copa amarilla.

Vuela el vacío de la enredadera,
la planta pétrea, la guirnalda dura
sobre el silencio del cajón serrano.
Ven, minúscula vida, entre las alas
de la tierra, mientras —cristal y frío, aire golpeado—
apartando esmeraldas combatidas,
oh agua salvaje, bajas de la nieve.

Amor, amor, hasta la noche abrupta,
desde el sonoro pedernal andino,
hacia la aurora de rodillas rojas,
contempla el hijo ciego de la nieve.

Oh, Wilkamayu de sonoros hilos,
cuando rompes tus truenos lineales
en blanca espuma, como herida nieve,
cuando tu vendaval acantilado
canta y castiga despertando al cielo,
qué idioma traes a la oreja apenas
desarraigada de tu espuma andina?

Quién apresó el relámpago del frío
y lo dejó en la altura encadenado,
repartido en sus lágrimas glaciales,
sacudido en sus rápidas espadas,
golpeando sus estambres aguerridos,
conducido en su cama de guerrero,
sobresaltado en su final de roca?

Qué dicen tus destellos acosados?
Tu secreto relámpago rebelde
antes viajó poblado de palabras?
Quién va rompiendo sílabas heladas,
idiomas negros, estandartes de oro,
bocas profundas, gritos sometidos,
en tus delgadas aguas arteriales?

Quién va cortando párpados florales
que vienen a mirar desde la tierra?
Quién precipita los racimos muertos
que bajan en tus manos de cascada
a desgranar su noche desgranada
en el carbón de la geología?

Quién despeña la rama de los vínculos?
Quién otra vez sepulta los adioses?

Amor, amor, no toques la frontera,
ni adores la cabeza sumergida:
deja que el tiempo cumpla su estatura
en su salón de manantiales rotos,
y, entre el agua veloz y las murallas,
recoge el aire del desfiladero,
las paralelas láminas del viento,
el canal ciego de las cordilleras,

el áspero saludo del rocío,
y sube, flor a flor, por la espesura,
pisando la serpiente despeñada.

En la escarpada zona, piedra y bosque,
polvo de estrellas verdes, selva clara,
Mantur estalla como un lago vivo
o como un nuevo piso del silencio.

Ven a mi propio ser, al alba mía,
hasta las soledades coronadas.
El reino muerto vive todavía.

Y en el Reloj la sombra sanguinaria
del cóndor cruza como una nave negra.

IX

Águila sideral, viña de bruma.
Bastión perdido, cimitarra ciega.
Cinturón estrellado, pan solemne.
Escala torrencial, párpado inmenso.
Túnica triangular, polen de piedra.
Lámpara de granito, pan de piedra.
Serpiente mineral, rosa de piedra.
Nave enterrada, manantial de piedra.
Caballo de la luna, luz de piedra.
Escuadra equinoccial, vapor de piedra.
Geometría final, libro de piedra.
Témpano entre las ráfagas labrado.
Madrépora del tiempo sumergido.
Muralla por los dedos suavizada.
Techumbre por las plumas combatida.

Ramos de espejo, bases de tormenta.
Tronos volcados por la enredadera.
Régimen de la garra encarnizada.
Vendaval sostenido en la vertiente.
Inmóvil catarata de turquesa.
Campana patriarcal de los dormidos.
Argolla de las nieves dominadas.
Hierro acostado sobre sus estatuas.
Inaccesible temporal cerrado.
Manos de puma, roca sanguinaria.
Torre sombrera, discusión de nieve.
Noche elevada en dedos y raíces.
Ventana de las nieblas, paloma endurecida.
Planta nocturna, estatua de los truenos.
Cordillera esencial, techo marino.
Arquitectura de águilas perdidas.
Cuerda del cielo, abeja de la altura.
Nivel sangriento, estrella construida.
Burbuja mineral, luna de cuarzo.
Serpiente andina, frente de amaranto.
Cúpula del silencio, patria pura.
Novia del mar, árbol de catedrales.
Ramo de sal, cerezo de alas negras.
Dentadura nevada, trueno frío.
Luna arañada, piedra amenazante.
Cabellera del frío, acción del aire.
Volcán de manos, catarata oscura.
Ola de plata, dirección del tiempo.

Nicolás Guillén
El son entero

GUITARRA

Tendida en la madrugada,
la firme guitarra espera:
voz de profunda madera
desesperada.

Su clamorosa cintura,
en la que el pueblo suspira,
preñada de son, estira
la carne dura.

Arde la guitarra sola,
mientras la luna se acaba;
arde libre de su esclava
bata de cola.

Dejó al borracho en su coche,
dejó el cabaret sombrío,
donde se muere de frío,
noche tras noche,

y alzó la cabeza fina,
universal y cubana,
sin opio, ni mariguana,
ni cocaína.

¡Venga la guitarra vieja,
nueva otra vez al castigo

con que la espera el amigo,
que no la deja!

Alta siempre, no caída,
traiga su risa y su llanto,
clave las uñas de amianto
sobre la vida.

Cógela tú, guitarrero,
límpiale de alcol la boca,
y en esa guitarra, toca
tu son entero.

El son del querer maduro,
tu son entero;
el del abierto futuro,
tu son entero;
el del pie por sobre el muro,
tu son entero...

Cógela tú, guitarrero,
límpiale de alcol la boca,
y en esa guitarra, toca
tu son entero.

Nicolás Guillén
El son entero

SUDOR Y LÁTIGO

Látigo,
sudor y látigo.

El sol despertó temprano
y encontró al negro descalzo,
desnudo el cuerpo llagado,
sobre el campo.

Látigo,
sudor y látigo.

El viento pasó gritando:
—¡Qué flor negra en cada mano!
La sangre le dijo: ¡vamos!
Él dijo a la sangre: ¡vamos!
Partió en su sangre, descalzo.
El cañaveral, temblando,
le abrió paso.

Después, el cielo callado,
y bajo el cielo, el esclavo
tinto en la sangre del amo.

Látigo,
sudor y látigo,

tinto en la sangre del amo;
látigo,
sudor y látigo,
tinto en la sangre del amo,
tinto en la sangre del amo.

César Vallejo
Trilce

XXIII

Tahona estuosa de aquellos mis bizcochos
pura yema infantil innumerable, madre.

Oh tus cuatro gorgas, asombrosamente
mal plañidas, madre: tus mendigos.
Las dos hermanas últimas, Miguel que ha muerto
y yo arrastrando todavía
una trenza por cada letra del abecedario.

En la sala de arriba nos repartías
de mañana, de tarde, de dual estiba,
aquellas ricas hostias de tiempo, para
que ahora nos sobrasen
cáscaras de relojes en flexión de las 24
en punto parados.

Madre, y ahora! Ahora, en cuál alvéolo
quedaría, en qué retoño capilar,
cierta migaja que hoy se me ata al cuello
y no quiere pasar. Hoy que hasta
tus puros huesos estarán harina
que no habrá en qué amasar
¡tierna dulcera de amor,
hasta en la cruda sombra, hasta en el gran molar
cuya encía late en aquel lácteo hoyuelo
que inadvertido lábrase y pulula ¡tú lo viste tánto!
en las cerradas manos recién nacidas.

Tal la tierra oirá en tu silenciar,
cómo nos van cobrando todos
el alquiler del mundo donde nos dejas
y el valor de aquel pan inacabable.
Y nos lo cobran, cuando, siendo nosotros
pequeños entonces, como tú verías,
no se lo podíamos haber arrebatado
a nadie; cuando tú nos lo diste,
¿di, mamá?

Pablo Neruda
Canto general

CORTÉS

Cortés no tiene pueblo, es rayo frío,
corazón muerto en la armadura.
"Feraces tierras, mi Señor y Rey,
templos en que el oro, cuajado
está por manos del indio".

  Y avanza hundiendo puñales, golpeando
  las tierras bajas, las piafantes
  cordilleras de los perfumes,
  parando su tropa entre orquídeas
  y coronaciones de pinos,
  atropellando los jazmines,
  hasta las puertas de Tlaxcala.

    (Hermano aterrado, no tomes
    como amigo al buitre rosado:
    desde el musgo te hablo, desde
    las raíces de nuestro reino.
    Va a llover sangre mañana,
    las lágrimas serán capaces
    de formar niebla, vapor, ríos,
    hasta que derritas los ojos).

Cortés recibe una paloma,
recibe un faisán, una cítara
de los músicos del monarca,
pero quiere la cámara del oro,
quiere otro paso, y todo cae

en las arcas de los voraces.
El rey se asoma a los balcones:
"Es mi hermano", dice. Las piedras
del pueblo vuelan contestando,
y Cortés afila puñales
sobre los besos traicionados.

Vuelve a Tlaxcala, el viento ha traído
un sordo rumor de dolores.

Nicolás Guillén
El son entero

SON NÚMERO 6

Yoruba soy, lloro en yoruba
lucumí.
Como soy un yoruba de Cuba,
quiero que hasta Cuba suba mi llanto yoruba,
que suba el alegre llanto yoruba
que sale de mí.

Yoruba soy,
cantando voy,
llorando estoy,
y cuando no soy yoruba,
soy congo, mandinga, carabalí.
Atiendan, amigos, mi son, que empieza así:

   Adivinanza
   de la esperanza:
   lo mío es tuyo,
   lo tuyo es mío;
   toda la sangre
   formando un río.

La ceiba ceiba con su penacho;
el padre padre con su muchacho;
la jicotea en su carapacho.
¡Que rompa el son caliente,
y que lo baile la gente,
pecho con pecho,

vaso con vaso
y agua con agua con aguardiente!
Yoruba soy, soy lucumí,
mandinga, congo, carabalí.
Atiendan, amigos, mi son, que sigue así:

Estamos juntos desde muy lejos,
jóvenes, viejos,
negros y blancos, todo mezclado;
uno mandando y otro mandado,
todo mezclado;
San Berenito y otro mandado,
todo mezclado;
negros y blancos desde muy lejos,
todo mezclado;
Santa María y uno mandado,
todo mezclado;
todo mezclado, Santa María,
San Berenito, todo mezclado,
todo mezclado, San Berenito,
San Berenito, Santa María,
Santa María, San Berenito,
¡todo mezclado!

Yoruba soy, soy lucumí,
mandinga, congo, carabalí.
Atiendan, amigos, mi son, que acaba así:

Salga el mulato,
suelte el zapato,
díganle al blanco que no se va…

De aquí no hay nadie que se separe;
mire y no pare,

oiga y no pare,
beba y no pare,
coma y no pare,
viva y no pare,
¡que el son de todos no va a parar!

Nicolás Guillén
El son entero

ELEGÍA

Por el camino de la mar
vino el pirata,
mensajero del Espíritu Malo,
con su cara de un solo mirar
y con su monótona pata
de palo.
Por el camino de la mar.

Hay que aprender a recordar
lo que las nubes no pueden olvidar.

Por el camino de la mar,
con el jazmín y con el toro,
y con la harina y con el hierro,
el negro, para fabricar
el oro;
para llorar en su destierro
por el camino de la mar.

¿Cómo vais a olvidar
lo que las nubes aún pueden recordar?

Por el camino de la mar,
el pergamino de la ley,
la vara para malmedir,
y el látigo de castigar,
y la sífilis del virrey,

y la muerte, para dormir
sin despertar,
por el camino de la mar.

¡Duro recuerdo recordar
lo que las nubes no pueden olvidar
por el camino de la mar!

Nicolás Guillén
El son entero

AGUA DEL RECUERDO

¿Cuándo fue?
No lo sé.
Agua del recuerdo
voy a navegar.

Pasó una mulata de oro,
y yo la miré al pasar:
moño de seda en la nuca,
bata de cristal,
niña de espalda reciente,
tacón de reciente andar.

Caña
(febril le dije en mí mismo),
caña
temblando sobre el abismo,
¿quién te empujará?
¿Qué cortador con su mocha
te cortará?
¿Qué ingenio con su trapiche
te molerá?

El tiempo corrió después,
corrió el tiempo sin cesar,
yo para allá, para aquí,
yo para aquí, para allá,
para allá, para aquí,
para aquí, para allá…

Nada sé, nada se sabe,
ni nada sabré jamás,
nada han dicho los periódicos,
nada pude averiguar,
de aquella mulata de oro
que una vez miré al pasar,
moño de seda en la nuca,
bata de cristal,
niña de espalda reciente,
tacón de reciente andar.

Nicolás Guillén
El son entero

ÁCANA

Allá dentro, en el monte,
donde la luz acaba,
allá en el monte adentro,
ácana.

Ay, ácana con ácana,
con ácana;
ay, ácana con ácana.
El horcón de mi casa.

Allá dentro, en el monte,
ácana,
bastón de mis caminos,
allá en el monte adentro…

Ay, ácana con ácana
con ácana;
ay, ácana con ácana.

Allá dentro, en el monte,
donde la luz acaba,
tabla de mi sarcófago,
allá en cl monte adentro…

Ay, ácana con ácana,
con ácana;
ay, ácana con ácana…
Con ácana.

Nicolás Guillén
La paloma de vuelo popular

UN LARGO LAGARTO VERDE

Por el Mar de las Antillas
(que también Caribe llaman)
batida por olas duras
y ornada de espumas blandas,
bajo el sol que la persigue
y el viento que la rechaza,
cantando a lágrima viva
navega Cuba en su mapa:
un largo lagarto verde,
con ojos de piedra y agua.

Alta corona de azúcar
le tejen agudas cañas;
no por coronada libre,
sí de su corona esclava:
reina del manto hacia fuera,
del manto adentro, vasalla,
triste como la más triste
navega Cuba en su mapa:
un largo lagarto verde,
con ojos de piedra y agua.

Junto a la orilla del mar,
tú que estás en fija guardia,
fíjate, guardián marino,
en la punta de las lanzas
y en el trueno de las olas

y en el grito de las llamas
y en el lagarto despierto
sacar las uñas del mapa:
un largo lagarto verde,
con ojos de piedra y agua.

CANCIÓN CARIOCA

¿Te hablaron ya de Río,
del Pan, del Corcovado
y el sanguinario estío?
    ¿Te han hablado?

De la boite encendida
y el salón apagado,
del verdor de la vida,
    ¿te han hablado?

Del carnaval rupestre,
semental desbocado,
rojo arcángel terrestre,
    ¿te han hablado?

Del mar y la campaña,
del cielo repujado,
que ni una nube empaña,
    ¿te han hablado?

Yo te hablo de otro Río:
del Río de Janeiro
de no-techo, sí-frío,
hambre-sí, no-cruzeiro.

Del llanto sin pañuelo,
del pecho sin escudo,
de la trampa y el vuelo,
de la soga y el nudo.

El jazz en la soirée
sacude el aire denso;
yo pienso en el café
(y lloro cuando pienso).

Mas pienso en la favela.
La vida allí estancada
es un ojo que vela.
Y pienso en la alborada.

¿Te hablaron ya de Río,
con su puñal clavado
en el pecho sombrío?
            ¿Te han hablado?

César Vallejo
Trilce

XXXIII

Si lloviera esta noche, retiraríame
de aquí a mil años.
Mejor a cien no más.
Como si nada hubiese ocurrido, haría
la cuenta de que vengo todavía.

O sin madre, sin amada, sin porfía
de agacharme a aguaitar al fondo, a puro
pulso,
esta noche así, estaría escarmenando
la fibra védica,
la lana védica de mi fin final, hilo
del diantre, traza de haber tenido
por las narices
a dos badajos inacordes de tiempo
        en una misma campana.

Haga la cuenta de mi vida
o haga la cuenta de no haber aún nacido
no alcanzaré a librarme.

No será lo que aún no haya venido, sino
lo que ha llegado y ya se ha ido,
sino lo que ha llegado y ya se ha ido.

Pablo Neruda
Canto general

ELEGÍA

Solo, en las soledades
quiero llorar como los ríos, quiero
oscurecer, dormir
como tu antigua noche mineral.

Por qué llegaron las llaves radiantes
hasta las manos del bandido? Levántate,
materna Oello, descansa tu secreto
en la fatiga larga de esta noche
y echa en mis venas tu consejo.
Aún no te pido el sol de los Yupanquis.
Te hablo dormido, llamando
de tierra a tierra, madre
peruana, matriz cordillera.
Cómo entró en tu arenal recinto
la avalancha de los puñales?

Inmóvil en tus manos,
siento extenderse los metales
en los canales del subsuelo.

Estoy hecho de tus raíces,
pero no entiendo, no me entrega
la tierra su sabiduría,
no veo sino noche y noche
bajo las tierras estrelladas.
Qué sueño sin sentido, de serpiente,
se arrastró hasta la línea colorada?

Ojos del duelo, planta tenebrosa.
Cómo llegaste a este viento vinagre,
cómo entre los peñascos de la ira
no levantó Capac su tiara
de arcilla deslumbrante?

Dejadme bajo los pabellones
padecer y hundirme como
la raíz muerta que no dará esplendor.
Bajo la dura noche dura
bajaré por la tierra hasta llegar
a la boca del oro.

Quiero extenderme en la piedra nocturna.

Quiero llegar allí con la desdicha.

Nicolás Guillén
La paloma de vuelo popular

LITTLE ROCK

Un blues llora con lágrimas de música
en la mañana fina.
El Sur blanco sacude
su látigo y golpea. Van los niños
negros entre fusiles pedagógicos
a su escuela de miedo.
Cuando a sus aulas lleguen,
Jim Crow será el maestro,
hijos de Lynch serán sus condiscípulos
y habrá en cada pupitre
de cada niño negro,
tinta de sangre, lápices de fuego.

Así es el Sur. Su látigo no cesa.

En aquel mundo faubus,
bajo aquel duro cielo faubus de gangrena,
los niños negros pueden
no ir junto a los blancos a la escuela.

O bien quedarse suavemente en casa.
O bien (nunca se sabe)
dejarse golpear hasta el martirio.
O bien no aventurarse por las calles.
O bien morir a bala y a saliva.
O no silbar al paso de una muchacha blanca.
O en fin, bajar los ojos yes,
doblar el cuerpo yes,

arrodillarse yes,
en aquel mundo libre yes
de que habla Foster Tonto en aeropuerto
    y aeropuerto,
mientras la pelotilla blanca,
una graciosa pelotilla blanca,
presidencial, de golf, como un planeta mínimo,
rueda en el césped puro, terso, fino,
verde, casto, tierno, suave, yes.

Y bien, ahora,
señoras y señores, señoritas,
ahora niños,
ahora viejos peludos y pelados,
ahora indios, mulatos, negros, zambos,
ahora pensad lo que sería
el mundo todo Sur,
el mundo todo sangre y todo látigo,
el mundo todo escuela de blancos para blancos,
el mundo todo Rock y todo Little,
el mundo todo yanqui, todo faubus…
                    Pensad por un momento,
imaginadlo un solo instante.

EL APELLIDO

Elegía familiar

I

Desde la escuela
y aún antes… Desde el alba, cuando apenas
era una brizna yo de sueño y llanto,
desde entonces,
me dijeron mi nombre. Un santo y seña
para poder hablar con las estrellas.
Tú te llamas, te llamarás…
Y luego me entregaron
esto que veis escrito en mi tarjeta,
esto que pongo al pie de mis poemas:
las trece letras
que llevo a cuestas por la calle,
que siempre van conmigo a todas partes.
¿Es mi nombre, estáis ciertos?
¿Tenéis todas mis señas?
¿Ya conocéis mi sangre navegable,
mi geografía llena de oscuros montes,
de hondos y amargos valles
que no están en los mapas?
¿Acaso visitásteis mis abismos,
mis galerías subterráneas
con grandes piedras húmedas,
islas sobresaliendo en negras charcas
y donde un puro chorro
siento de antiguas aguas

caer desde mi alto corazón
con fresco y hondo estrépito
en un lugar lleno de ardientes árboles,
monos equilibristas,
loros legisladores y culebras?
¿Toda mi piel (debí decir),
toda mi piel viene de aquella estatua
de mármol español? ¿También mi voz de espanto,
el duro grito de mi garganta? ¿Vienen de allá
todos mis huesos? ¿Mis raíces y las raíces
de mis raíces y además
estas ramas oscuras movidas por los sueños
y estas flores abiertas en mi frente
y esta savia que amarga mi corteza?
¿Estáis seguros?
¿No hay nada más que eso que habéis escrito,
que eso que habéis sellado
con un sello de cólera?
(¡Oh, debí haber preguntado!)

Y bien, ahora os pregunto:
¿No veis estos tambores en mis ojos?
¿No veis estos tambores tensos y golpeados
con dos lágrimas secas?
¿No tengo acaso
un abuelo nocturno
con una gran marca negra
(más negra todavía que la piel),
una gran marca hecha de un latigazo?
¿No tengo pues
un abuelo mandinga, congo, dahomeyano?
¿Cómo se llama? ¡Oh, sí, decídmelo!
¿Andrés? ¿Francisco? ¿Amable?
¿Cómo decís Andrés en congo?
¿Cómo habéis dicho siempre

Francisco en dahomeyano?
En mandinga ¿cómo se dice Amable?
¿O no? ¿Eran, pues, otros nombres?
¡El apellido, entonces!
¿Sabéis mi otro apellido, el que me viene
de aquella tierra enorme, el apellido
sangriento y capturado, que pasó sobre el mar
entre cadenas, que pasó entre cadenas sobre el mar?
¡Ah, no podéis recordarlo!
Lo habéis disuelto en tinta inmemorial.
Lo habéis robado a un pobre negro indefenso.
Lo escondísteis, creyendo
que iba a bajar los ojos yo de la vergüenza.
¡Gracias!
¡Os lo agradezco!
¡Gentiles gentes, thank you!
Merci!
Merci bien!
Merci beaucoup!
Pero no… ¿Podéis creerlo? No.
Yo estoy limpio.
Brilla mi voz como un metal recién pulido.
Mirad mi escudo: tiene un baobab,
tiene un rinoceronte y una lanza.
Yo soy también el nieto,
biznieto,
tataranieto de un esclavo.
(Que se avergüence el amo.)
¿Seré Yelofe?
¿Nicolás Yelofe, acaso?
¿O Nicolás Bakongo?
¿Tal vez Guillén Banguila?
¿O Kumbá?
¿Quizá Guillén Kumbá?
¿O Kongué?

¿Pudiera ser Guillén Kongué?
¡Oh, quién lo sabe!
¡Qué enigma entre las aguas!

II

Siento la noche inmensa gravitar
sobre profundas bestias,
sobre inocentes almas castigadas;
pero también sobre voces en punta,
que despojan al cielo de sus soles,
los más duros,
para condecorar la sangre combatiente.
De algún país ardiente, perforado
por la gran flecha ecuatorial,
sé que vendrán lejanos primos,
remota angustia mía disparada en el viento;
sé que vendrán pedazos de mis venas,
sangre remota mía,
con duro pie aplastando las hierbas asustadas;
sé que vendrán hombres de vidas verdes,
remota selva mía,
con su dolor abierto en cruz y el pecho rojo en llamas.
Sin conocernos nos reconoceremos en el hambre,
en la tuberculosis y en la sífilis,
en el sudor comprado en bolsa negra,
en los fragmentos de cadenas
adheridos todavía a la piel;
sin conocernos nos reconoceremos
en los ojos cargados de sueños
y hasta en los insultos como piedras
que nos escupen cada día
los cuadrumanos de la tinta y el papel.
¿Qué ha de importar entonces

(¡qué ha de importar ahora!)
¡ay! mi pequeño nombre
de trece letras blancas?
¿Ni el mandinga, bantú,
yoruba, dahomeyano
nombre del triste abuelo ahogado
en tinta de notario?
¿Qué importa, amigos puros?
¡Oh, sí, puros amigos,
venid a ver mi nombre!
Mi nombre interminable,
hecho de interminables nombres;
el nombre mío, ajeno,
libre y mío, ajeno y vuestro,
ajeno y libre como el aire.

Nicolás Guillén
Elegías

ELEGÍA A EMMETT TILL

En Norteamérica,
la Rosa de los Vientos
tiene el pétalo sur rojo de sangre.

El Mississippi pasa
¡oh viejo río hermano de los negros!,
con las venas abiertas en el agua,
el Mississippi cuando pasa.
Suspira su ancho pecho
y en su guitarra bárbara,
el Mississippi cuando pasa
llora con duras lágrimas.

El Mississippi pasa
y mira el Mississippi cuando pasa
árboles silenciosos
de donde cuelgan gritos ya maduros,
el Mississippi cuando pasa,
y mira el Mississippi cuando pasa
cruces de fuego amenazante,
el Mississippi cuando pasa,
y hombres de miedo y alarido
el Mississippi cuando pasa,
y la nocturna hoguera
a cuya luz caníbal
danzan los hombres blancos,
y la nocturna hoguera
con un eterno negro ardiendo,

un negro sujetándose
envuelto en humo el vientre desprendido,
los intestinos húmedos,
el perseguido sexo,
allá en el Sur alcohólico,
allá en el Sur de afrenta y látigo,
el Mississippi cuando pasa.

Ahora ¡oh Mississippi,
oh viejo río hermano de los negros!,
ahora un niño frágil,
pequeña flor de tus riberas,
no raíz todavía de tus árboles,
no tronco de tus bosques
no piedra de tu lecho,
no caimán de tus aguas:
un niño apenas,
un niño muerto, asesinado y solo,
negro.

Un niño con su trompo,
con sus amigos, con su barrio,
con su camisa de domingo,
con su billete para el cine,
con su pupitre y su pizarra,
con su pomo de tinta,
con su guante de béisbol,
con su programa de boxeo,
con su retrato de Lincoln,
con su bandera norteamericana,
negro.

Un niño negro asesinado y solo,
que una rosa de amor
arrojó al paso de una niña blanca.

¡Oh viejo Mississippi,
oh rey, oh río de profundo manto!,
detén aquí tu procesión de espumas,
tu azul carroza de tracción oceánica:
mira este cuerpo leve,
ángel adolescente que llevaba
no bien cerradas todavía
las cicatrices en los hombros
donde tuvo las alas;
mira este rostro de perfil ausente,
deshecho a piedra y piedra,
a plomo y piedra,
a insulto y piedra;
mira este abierto pecho,
la sangre antigua ya de duro coágulo.
Ven y en la noche iluminada
por una luna de catástrofe,
la lenta noche de los negros
con sus fosforescencias subterráneas,
ven y en la noche iluminada,
dime tú, Mississippi,
si podrás contemplar con ojos de agua ciega
y brazos de titán indiferente,
este luto, este crimen,
este mínimo muerto sin venganza,
este cadáver colosal y puro:
ven y en la noche iluminada,
tú, cargado de puños y de pájaros,
de sueños y metales,
ven y en la noche iluminada,
oh viejo río hermano de los negros,
ven y en la noche iluminada,
ven y en la noche iluminada,
dime tú, Mississippi...

Nicolás Guillén
Tengo

ROMANCERO.
SON MÁS EN UNA MAZORCA

Son más en una mazorca
de maíz los prietos granos
que Fidel Castro y sus hombres
cuando del *Granma* bajaron.
El mar revuelto los mira
partir con violento paso,
dura la luz de los rostros
severos, aún no barbados,
mariposas en la frente,
la ciénaga en los zapatos.
La muerte los vigilaba
vestida como soldado,
amarillo el uniforme
y el fusil americano.
Heridos unos cayeron
otros sin vida quedaron,
y los menos, pocos más
que los dedos de las manos,
con esperanza y fatiga
hacia la gloria marcharon.
En los despiertos caminos
voces saludan y cantos,
puños se alzan y amapolas,
soles brillan y disparos.
A la Sierra van primero
por el corazón llevados;

junto a los claros sinsontes,
de pie en el pico más alto,
ya en su cuartel general,
así dice Fidel Castro:
—De esta sierra bajaremos,
mar de rifles será el llano.

Nicolás Guillén
Poemas de amor

PIEDRA
DE HORNO

La tarde abandonada gime deshecha en lluvia.
Del cielo caen recuerdos y entran por la ventana.
Duros suspiros rotos, quimeras calcinadas.

Lentamente va viniendo tu cuerpo.
Llegan tus manos en su órbita
de aguardiente de caña;
tus pies de lento azúcar quemados por la danza,
y tus muslos, tenazas del espasmo,
y tu boca, sustancia
comestible, y tu cintura
de abierto caramelo.
Llegan tus brazos de oro, tus dientes sanguinarios;
de pronto entran tus ojos traicionados;
tu piel tendida, preparada
para la siesta:
tu olor a selva repentina; tu garganta
gritando—no sé, me lo imagino—, gimiendo
—no sé, me lo figuro—, quejándose —no sé, supongo,
    creo—;
tu garganta profunda
retorciendo palabras prohibidas.

Un río de promesas
baja de tus cabellos,
se demora en tus senos,

cuaja al fin en un charco de melaza en tu vientre,
viola tu carne firme de nocturno secreto.

Carbón ardiente y piedra de horno
en esta tarde fría de lluvia y de silencio.

Nicolás Guillén
El Gran Zoo

EL ACONCAGUA

El Aconcagua. Bestia
solemne y frígida. Cabeza
blanca y ojos de piedra fija.
Anda en lentos rebaños
con otros animales semejantes
por entre rocallosos desamparos.

En la noche,
roza con belfo blando
las manos frías de la luna.

César Vallejo
Trilce

XLV

Me desvinculo del mar
cuando vienen las aguas a mí.

Salgamos siempre. Saboreemos
la canción estupenda, la canción dicha
por los labios inferiores del deseo.
Oh prodigiosa doncellez.
Pasa la brisa sin sal.

A lo lejos husmeo los tuétanos
oyendo el tanteo profundo, a la caza
de teclas de resaca.

Y si así diéramos las narices
en el absurdo,
nos cubriremos con el oro de no tener nada,
y empollaremos el ala aún no nacida
de la noche, hermana
de esta ala huérfana del día,
que a fuerza de ser una ya no es ala.

César Vallejo
Trilce

LVIII

En la celda, en lo sólido, también
se acurrucan los rincones.

Arreglo los desnudos que se ajan,
se doblan, se harapan.

Apéome del caballo jadeante, bufando
líneas de bofetadas y de horizontes;
espumoso pie contra tres cascos.
Y le ayudo: Anda, animal!

Se tomaría menos, siempre menos, de lo
que me tocase erogar,
en la celda, en lo líquido.

El compañero de prisión comía el trigo
de las lomas, con mi propia cuchara,
cuando, a la mesa de mis padres, niño,
me quedaba dormido masticando.

Le soplo al otro:
Vuelve, sal por la otra esquina;
apura… aprisa,… apronta!

E inadvertido aduzco, planeo,
cabe camastro desvencijado, piadoso:
No creas. Aquel médico era un hombre sano.

Ya no reiré cuando mi madre rece
en infancia y en domingo, a las cuatro
de la madrugada, por los caminantes,
encarcelados,
enfermos
y pobres.

En el redil de niños, ya no le asestaré
puñetazos a ninguno de ellos, quien, después,
todavía sangrando, lloraría: El otro sábado
te daré de mi fiambre, pero
no me pegues!
Ya no le diré que bueno.

En la celda, en el gas ilimitado
hasta redondearse en la condensación,
¿quién tropieza por afuera?

LXI

Esta noche desciendo del caballo,
ante la puerta de la casa, donde
me despedí con el cantar del gallo.
Está cerrada y nadie responde.

El poyo en que mamá alumbró
al hermano mayor, para que ensille
lomos que había yo montado en pelo,
por rúas y por cercas, niño aldeano;
el poyo en que dejé que se amarille al sol
mi adolorida infancia… ¿Y este duelo
que enmarca la portada?

Dios en la paz foránea,
estornuda, cual llamando también, el bruto;
husmea, golpeando el empedrado. Luego duda,
relincha,
orejea a viva oreja.

Ha de velar papá rezando, y quizás
pensará se me hizo tarde.
Las hermanas, canturreando sus ilusiones
sencillas, bullosas,
en la labor para la fiesta que se acerca,
y ya no falta casi nada.
Espero, espero, el corazón
un huevo en su momento, que se obstruye.

Numerosa familia que dejamos
no ha mucho, hoy nadie en vela, y ni una cera
puso en el ara para que volviéramos.

Llamo de nuevo, y nada.
Callamos y nos ponemos a sollozar, y el animal
relincha, relincha más todavía.

Todos están durmiendo para siempre,
y tan de lo más bien, que por fin
mi caballo acaba fatigado por cabecear
a su vez, y entre sueños, a cada venia, dice
que está bien, que todo está muy bien.

Pablo Neruda
Canto general

ERCILLA

Piedras de Arauco y desatadas rosas
fluviales, territorios de raíces,
se encuentran con el hombre que ha llegado de España.
Invaden su armadura con gigantesco liquen.
Atropellan su espada las sombras del helecho.
La yedra original pone manos azules
en el recién llegado silencio del planeta.
Hombre, Ercilla sonoro, oigo el pulso del agua
de tu primer amanecer, un frenesí de pájaros
y un trueno en el follaje.
Deja, deja tu huella
de águila rubia, destroza
tu mejilla contra el maíz salvaje,
todo será en la tierra devorado.
Sonoro, sólo tú no beberás la copa
de sangre, sonoro, sólo al rápido
fulgor de ti nacido
llegará la secreta boca del tiempo en vano
para decirte: en vano.
En vano, en vano
sangre por los ramajes de cristal salpicado,
en vano por las noches del puma
el desafiante paso del soldado,
las órdenes,
los pasos
del herido.
Todo vuelve al silencio coronado de plumas
en donde un rey remoto devora enredaderas.

César Vallejo
Trilce

LXIX

Qué nos buscas, oh mar, con tus volúmenes
docentes! Qué inconsolable, qué atroz
estás en la febril solana.

Con tus azadones saltas,
con tus hojas saltas,
hachando, hachando en loco sésamo,
mientras tornan llorando las olas, después
de descalcar los cuatro vientos
y todos los recuerdos, en labiados plateles
de tungsteno, contractos de colmillos
y estáticas eles quelonias.

Filosofía de alas negras que vibran
al medroso temblor de los hombros del día.

El mar, y una edición en pie,
en su única hoja el anverso
de cara al reverso.

Pablo Neruda
Canto general

FRAY BARTOLOMÉ DE LAS CASAS

Piensa uno, al llegar a su casa, de noche, fatigado
entre la niebla fría de mayo, a la salida
del sindicato (en la desmenuzada
lucha de cada día, la estación
lluviosa que gotea del alero, el sordo
latido del constante sufrimiento)
esta resurrección enmascarada,
astuta, envilecida,
del encadenador, de la cadena,
y cuando sube la congoja
hasta la cerradura a entrar contigo,
surge una luz antigua, suave y dura
como un metal, como un astro enterrado.
Padre Bartolomé, gracias por este
regalo de la cruda medianoche,

  gracias porque tu hilo fue invencible:

  pudo morir aplastado, comido
  por el perro de fauces iracundas,
  pudo quedar en la ceniza
  de la casa incendiada,
  pudo cortarlo el filo frío
  del asesino innumerable
  o el odio administrado con sonrisas
  (la traición del próximo cruzado),
  la mentira arrojada en la ventana.
  Pudo morir el hilo cristalino,

la irreductible transparencia
convertida en acción, en combatiente
y despeñado acero de cascada.
Pocas vidas da el hombre como la tuya, pocas
sombras hay en el árbol como tu sombra, en ella
todas las ascuas vivas del continente acuden,
todas las arrasadas condiciones, la herida
del mutilado, las aldeas
exterminadas, todo bajo tu sombra
renace, desde el límite
de la agonía fundas la esperanza.
Padre, fue afortunado para el hombre y su especie
que tú llegaras a la plantación,
que mordieras los negros cereales
del crimen, que bebieras
cada día la copa de la cólera.
Quién te puso, mortal desnudo,
entre los dientes de la furia?
Cómo asomaron otros ojos,
de otro metal, cuando nacías?

Cómo se cruzan los fermentos
en la escondida harina humana
para que tu grano inmutable
se amasara en el pan del mundo?

Eras realidad entre fantasmas
encarnizados, eras
la eternidad de la ternura
sobre la ráfaga del castigo.
De combate en combate tu esperanza
se convirtió en precisas herramientas:
la solitaria lucha se hizo rama,
el llanto inútil se agrupó en partido.

No sirvió la piedad. Cuando mostrabas
tus columnas, tu nave amparadora,
tu mano para bendecir, tu manto,
el enemigo pisoteó las lágrimas
y quebrantó el color de la azucena.
No sirvió la piedad alta y vacía
como una catedral abandonada.
Fue tu invencible decisión, la activa
resistencia, el corazón armado.

Fue la razón tu material titánico.

Fue la flor organizada tu estructura.

Desde arriba quisieron contemplarte
(desde su altura) los conquistadores,
apoyándose como sombras de piedra
sobre sus espadones, abrumando
con sus sarcásticos escupos
las tierras de tu iniciativa,
diciendo: "Ahí va el agitador",
mintiendo: "Lo pagaron
los extranjeros",
"No tiene patria", "Traiciona",
pero tu prédica no era
frágil minuto, peregrina
pauta, reloj del pasajero.
Tu madera era bosque combatido,
hierro en su cepa natural, oculto
a toda luz por la tierra florida,
y más aún, era más hondo:
en la unidad del tiempo, en el transcurso
de la vida, era tu mano adelantada
estrella zodiacal, signo del pueblo.

Hoy a esta casa, Padre, entra conmigo.
Te mostraré las cartas, el tormento
de mi pueblo, del hombre perseguido.
Te mostraré los antiguos dolores.

Y para no caer, para afirmarme
sobre la tierra, continuar luchando,
deja en mi corazón el vino errante
y el implacable pan de tu dulzura.

César Vallejo
Trilce

LXXI

Serpea el sol en tu mano fresca,
y se derrama cauteloso en tu curiosidad.

Cállate. Nadie sabe que estás en mí,
toda entera. Cállate. No respires. Nadie
sabe mi merienda suculenta de unidad:
legión de oscuridades, amazonas de lloro.

Vanse los carros flajelados por la tarde,
y entre ellos los míos, cara atrás, a las riendas
fatales de tus dedos.
Tus manos y mis manos recíprocas se tienden
polos en guardia, practicando depresiones,
y sienes y costados.

Calla también, crepúsculo futuro,
y recójete a reír en lo íntimo, de este celo
de gallos ajisecos soberbiamente,
soberbiamente ennavajados
de cúpulas, de viudas mitades cerúleas.
Regocíjate, huérfano; bebe tu copa de agua
desde la pulpería de una esquina cualquiera.

Pablo Neruda
Canto general

Lautaro contra el Centauro (1554)

Atacó entonces Lautaro de ola en ola.
Disciplinó las sombras araucanas:
antes entró el cuchillo castellano
en pleno pecho de la masa roja.
Hoy estuvo sembrada la guerrilla
bajo todas las alas forestales,
de piedra en piedra y vado en vado,
mirando desde los copihues,
acechando bajo las rocas.
    Valdivia quiso regresar.
                     Fue tarde.
Llegó Lautaro en traje de relámpago.
Siguió el conquistador acongojado.
Se abrió paso en las húmedas marañas
del crepúsculo austral.
                Llegó Lautaro,
   en un galope negro de caballos.

La fatiga y la muerte conducían
la tropa de Valdivia en el follaje.

   Se acercaban las lanzas de Lautaro.

Entre los muertos y las hojas iba
como en un túnel Pedro de Valdivia.

   En las tinieblas llegaba Lautaro.

Pensó en Extremadura pedregosa,
en el dorado aceite, en la cocina,
en el jazmín dejado en ultramar.

Reconoció el aullido de Lautaro.

Las ovejas, las duras alquerías,
los muros blancos, la tarde extremeña.

Sobrevino la noche de Lautaro.

Sus capitanes tambaleaban ebrios
de sangre, noche y lluvia hacia el regreso.

Palpitaban las flechas de Lautaro.

De tumbo en tumbo la capitanía
iba retrocediendo desangrada.

Ya se tocaba el pecho de Lautaro.

Valdivia vio venir la luz, la aurora,
tal vez la vida, el mar.
                          Era Lautaro.

León Felipe
¡Oh, este viejo y roto violín!

NOCHE CERRADA

Ya no puedo ir más allá.
Tropiezo de pronto en una piedra dura y negra
y no puedo ir más allá.
Tengo que recular…
y camino hacia atrás…
camino,
como un ciego camino…
y tropiezo de nuevo
en algo duro otra vez,
otra piedra negra que no me deja pasar.

Y el cielo se oscurece

y se hace duro también.
Entonces me amedrento
y grito.
No oigo nada,
no veo nada,
y no puedo llorar.
¡Oh, niño perdido y solo!
El día no llega nunca,
nunca,
nunca
nunca.
¿Por qué me dejáis abandonado,
ángeles amigos…?
¡No me abandonéis!
Haced algún ruido

¡moved las alas!
Un ruido de alas…
siquiera un ruido de alas.
¿Dónde estáis, ángeles amigos?

CRISTO

Cristo,
te amo
no porque bajaste de una estrella
sino porque me descubriste
que el hombre tiene sangre,
lágrimas,
congojas…
¡llaves,
herramientas!
para abrir las puertas cerradas de la luz.
Sí… Tú nos enseñaste que el hombre es Dios…
un pobre Dios crucificado como Tú.
Y aquel que está a tu izquierda en el Gólgota,
el mal ladrón…
¡también es un Dios!

León Felipe
¡Oh, este viejo y roto violín!

ESTE ORGULLOSO CAPITÁN DE LA HISTORIA

Porque tal vez seamos la obra de un Dios Monstruoso e
    inmisericorde,
señor Arcipreste.
Y si nosotros estamos hechos de una substancia
    monstruosa e inmisericorde,
¿por qué ha de ser piadoso nuestro Dios?
¿Quién tiene piedad entre los hombres?
Además…
¿no es la vida una cadena de mandíbulas abiertas y
    devoradoras?…
Y si la lombriz se traga a la simiente,
la gallina a la lombriz,
y el hombre a la gallina…
¿Por qué Dios no se ha de tragar también al hombre?
¡Gran manjar es el hombre!
¿No ha pensado usted nunca, señor Arcipreste, que bien
    podemos ser
el alimento de un Dios glotón y monstruoso
y que estamos aquí,
como en un túnel descomunal y oscuro,
como en un gran esófago,
descendiendo,
descendiendo,
descendiendo lentamente,
pasando por los sórdidos, torcidos y laberínticos
intestinos de la Historia?
Alguien nos ha tragado,
alguien nos ha tragado, borracho, en un festín…

Y nos seguirá tragando eternamente.
Aquello que ha sido, es lo que será... Ésta es la ley
¿verdad?
Y a veces yo imagino —¡qué cosas imagino, señor
Arcipreste!—,
a veces imagino...
que nos defeca un Dios glotón y monstruoso.
Siempre le andamos buscando orígenes y definiciones
a "este orgulloso capitán de la historia":
El sueño de un Dios...
El soplo de un Dios...
La cópula amorosa de un Dios...
Pero he aquí el último hallazgo existencialista y
    filosófico:
El excremento de un Dios.
¿Quién protesta?
¿Quién grita y se tapa las narices?
¡Basta!... Pero vosotros ¿qué queréis?
¿Qué es lo que usted desea, señor Arcipreste?,
¿qué sigamos aquí eternamente cantando Te Deum
detrás de las batallas?
¡Somos el excremento de un Dios!
Y todo se repite... y se repite el excremento
¡Se repite... se repite!
Pero que no se alarme nadie.
Todo esto es sólo imaginación.
Imaginación de un viejo poeta loco
a quien no hay que hacerle mucho caso...
—¡Eh!... ¡Boticario, buen boticario,
véndeme una onza de almizcle
para perfumar mi imaginación!

León Felipe
¡Oh, este viejo y roto violín!

LA CRUZ Y LA TÚNICA VACÍAS

En la tragedia del Calvario…
Retablo, historia, cuento… en ese cuento
contado por Dios,
deshojado por Dios
como una rosa de luz y de sangre
versículo a versículo,
pétalo a pétalo
y recogido en las cuatro bandejas de plata
de los Sagrados Evangelios…
¿Cómo se llama el Traidor?…
¿Quién es el personaje siniestro?…
—Judas.
            —¡No!
                        —¿Quién entonces?
—Nadie. El viento.
—¿El Viento? ¿Judas es el viento?
—Sólo el que piense que ha existido Judas
es capaz de vender al Nazareno.
Judas es esa túnica negra
archivada en el guardarropa de la Historia,
que para que se cumpliera y se representara el Evangelio
tuvo que vestírsela un actor cualquiera
el día del estreno.
Ahora en las reprises de la Pascua
cada año se la pone en orden riguroso
un vecino del pueblo…
Judas es esa túnica sucia y vacía,
colgada de una higuera,

henchida,
bamboleada,
movida grotescamente por el viento…
y un año se la pone Juan
y otro año se la pone Pedro.
Lo mismo que la Cruz.
—¿Lo mismo que la cruz?
¿También Cristo es el viento?
—¡Cristo es la Cruz vacía!
Ahí la tenéis…
vacía,
en la giba del Gólgota,
desde el día de la Ascensión y del Descendimiento,
cuando al Seno del Padre subió el Verbo
y al seno de la Tierrra bajó el cuerpo.
Ahí la tenéis,
enjuta,
hecha símbolo ahora,
con el astil desnudo
y los brazos abiertos…
como un campo segado esperándoos a todos,
como un campo comunal y mostrenco.
"Fue" construida para un Dios,
pero le viene perfectamente al hombre.
Igual le sirve al juez que al bandolero.
¡Ahí la tenéis!…
¿De quién es este año?
¿A quién le toca hoy
el cetro de la caña de escoba,
el INRI
y la corona de sarmientos?

León Felipe
¡Oh, este viejo y roto violín!

LA TANGENTE

> Y se escapó por la tangente…

¿Y la tangente, señor Arcipreste?…
¿El radio de la esfera que se quiebra y se fuga?…
¿La mula ciega de la noria, que un día, enloquecida, se
    liberta del estribillo rutinario?…
¿La correa cerrada de la honda, que se suelta de pronto
para que salga la furia del guijarro?…
¿Esa línea de fuego tangencial que se escapa del círculo
y luego se convierte en un disparo?
Porque el cielo… Señor Arcipreste, ¿sabe usted?…
no hay arriba ni abajo…
Y la estrella del hombre
es la que ese disparo va buscando,
ese cohete místico o suicida, rebelde, escapado…
de la noria del Tiempo
como el dardo,
como el rayo,
como el salmo.
Dios hizo la bola y el reloj: la noria dando vueltas
    y vueltas sin cesar,
y el péndulo contándole las vueltas, monótono
    y exacto…
El juguete del niño, señor Arcipreste,
¡el maravilloso regalo!
Pero un día el niño se cansa del juguete y le saca las
    tripas y el secreto,
como a un caballito mecánico,
como a un caballito de serrín y de trapo.

Es cuando el péndulo se para
y la Tierra se queda ahí loca y rota, dando vueltas sin
    sentido, en el espacio.
Es cuando el niño inventa la tangente, señor Arcipreste,
la puerta mística de los caballeros del milagro,
de los grandes aventureros de la luz,
de los divinos cruzados de la luz,
de los poetas suicidas, de los enloquecidos y los santos
que se escapan en el viento en busca de Dios para decirle
que ya estamos cansados todos, *terriblemente cansados*
de la noria y del reloj,
del hipo violáceo del tirano,
de las barbas y las arrugas eternas,
de los inmóviles pecados,
de este torno roto
enloquecido y hospiciano,
de este empalagoso juguete del mundo,
de este monstruoso, sombrío y estúpido regalo,
de esta mecánica *fatal* donde lo que ha sido es lo que será
y lo que ayer hicimos, lo que mañana hagamos.

León Felipe
El ciervo

DAME TU OSCURA HOSTIA

No te apiades de mí, luz cenicienta.
Dame tu oscura hostia, tu último pan…
un sueño sin retorno y sin recuerdo.
Déjame hundirme en ese pozo negro,
más abajo del limo y de la larva…
donde la vida es un fantasma verde
que nadie vio jamás.

León Felipe
¡Oh, este viejo y roto violín!

LA GRAN AVENTURA

> Bacía, yelmo, halo…
> éste es el orden, Sancho

Han transcurrido cuatro siglos…
Y viene muy cansado Rocinante.
Años y años de oscuras y sangrientas aventuras…
Y andar y andar por los ásperos y torcidos caminos de la
    Historia.

Y vienen los dos,
caballero y escudero,
callada
lentamente
en sus cabalgaduras humildes y gloriosas…
por la abierta y encendida meseta de Castilla.
¡Bajo su luz alucinante!
¡Oh, esa luz!
¡No es una luz propicia para la gran metáfora poética,
los grandes milagros y el asombro!

Sancho ha crecido en estos siglos…
¡ha caminado tanto por el mundo
ceñido a su señor!
Ahora no es simple ni grosero,
es audaz y valeroso…
Le encuentro más delgado,
casi enjuto.
Ahora se parece más a su señor.

Aquel vientre rotundo,
que rimaba con las famosas tinajas
de su pueblo,
ha desaparecido.
(Ya me doy cuenta, Sancho...
Las guerras, las derrotas... el hambre...
¡Oh, la vida, gran maestra de ascetas!)
Yo no me atrevería, ahora, a llamarle Sancho Panza.
¡Que nadie le llame Sancho Panza!
Es Sancho a secas.
¡Sancho nada más!
Sancho quiere decir: hijo del Sol,
súbdito y tributario de la luz.
Además ya tiene fantasía.
Ya habla como Don Quijote...
Y ha aprendido a verlo todo como él...
Ahora puede usar, él mismo, el mecanismo metafórico
de los poetas enloquecidos...
Ahora puede levantar las cosas
de lo doméstico a lo épico...
de la sordidez a la luminosidad.
Ahora puede decir como su señor:
—Aquello que vemos allá lejos, en la noche sin luna,
tenebrosa,
no es la mezquina luz de una humilde cabaña de
    pastores...
¡Aquello es la estrella de la mañana!

Ahí vienen ya los cuatro...
carretera adelante...
Voy a saludarlos.
Salud, nobilísimos amigos...
¡Bienvenido, caballero!
¡Estrella inextinguible de la Mancha,
Lucero fervoroso de la Patria!

Ilustres compatriotas…
Bienvenidos al viejo solar desmantelado…
¡Dios te guarde, Sancho!
Y también a ti te saludo, Rocinante…

Oh, viejo caballo sin estirpe.
No tienes *pedigree*…
Pero tu gloria es superior a la de todos los "pura sangre"
    del mundo.
Tu estirpe, como quería tu señor,
arranca de ti mismo.
Sin embargo,
yo conozco tu historia
—la sé de corrido—
y voy a contársela a los hombres
y a mostrarle al mundo entero
tu divina cédula bautismal.
Rocinante: ¡digámoslo todo como en las grandes
    biografías!
Te he visto amarrado a los oficios más villanos;
te he visto como un penco menestral;
te he visto uncido en una noria;
te he visto en las madrugadas, arrastrando una carreta de
    legumbres;
y a veces, el mismo carro municipal de los desperdicios.
Y una tarde que te llevaron a nuestra "Fiesta Brava"
te vi en el ruedo amarillo
como un esclavo o un cristiano
del César en el circo…
Ibas disfrazado con los arreos del martirio:
unas gualdrapas andrajosas
y un pañuelo escarlata cegándote los ojos…
—¡para que no vieras la muerte!—.
Allí estabas bajo un sol enemigo,
entre cuernos y garrochas;

entre blasfemias, burlas y alaridos…
Eras tú… Te conocí.
¡Perdóname!
¡Perdónanos!
Yo te he querido siempre, Rocinante.
En esa nuestra "Fiesta Brava"
siempre he vertido una lágrima por ti…
Ahora mismo no puedo reprimir el llanto.
Y para desagraviarte,
para que nos perdones,
para que me perdones,
quiero decirle al mundo
tu origen,
tu estirpe…
tu *pedigree*…

Porque yo tengo
tu olímpica cédula bautismal…
Y sé que un día vendrá Apolo
en su cuadriga luminosa,
una mañana de sol amigo y generoso,
para llevarte al reino perpetuo
de los gloriosos corceles de los héroes…
porque tú eres hermano legítimo
de los caballos de la Aurora.

Y a ti también te saludo,
Rucio amigo,
Rucio estoico,
Rucio sufrido,
Rucio paciente
—y le digo muy bajo,
acercándome a una de sus grandes orejas—:
Paciencia… paciencia… un poco más de paciencia
que San Francisco, el de Asís,

te ha reservado un sitial,
donde ya, como un símbolo,
descanses eternamente
en el Zodíaco poético de España…
¡Salud a todos!… ¡Salud y Fortuna!…
¡Fortuna! ¡Que bien la necesita el español!
No me han oído.
Se lo diré otra vez… Más fuerte…
y haciendo bocina con la mano.
¡Fortuna!… ¡Que bien la necesita el español!

Lleva Don Quijote la barba vencida sobre el pecho
y los ojos cerrados…
¿Duerme el caballero?
¡No duerme el caballero!
Don Quijote se mueve inquieto sobre la silla
y Sancho le oye decir con voz extraña de sonámbulo:
"Hemos caminado mucho —siglos y siglos— por todos
los pueblos de la tierra,
por todos los triunfos y derrotas de la Historia
y aún no hemos topado, Sancho,
con la "Gran Aventura".
"¿Y cuál es la gran aventura?" —dice el escudero.
Don Quijote no responde.
Dobla otra vez la cabeza sobre el pecho…
y cierra los ojos.
¿Sueña el caballero?
¡Sí, sueña el caballero!

¡Sueña! … ¡Sueña!
¡Tal vez sueña con la Gran Aventura!
(Yo sé cuál es esa Gran Aventura.)
Y por si ocurre hoy, ahora mismo,
quiero preparar el escenario.
Necesito un paisaje.

¡Que venga el gran escenógrafo!
Y el utilero principal.
Empecemos:

Aquí Castilla.
Ésta es Castilla.
Estamos en lo más elevado de Castilla.
Ésta es la meseta.
¡La egregia meseta!
Han pasado las siegas.
—En el campo no hay nadie.
Llanura... llanura... todo llanura...
Y en la llanura... ni un árbol.
Allá en la lejanía hay unos álamos que huyen...
¡Que se vayan los álamos!
No quiero árboles...
Ni árboles ni pájaros...
Que se vayan los pájaros también.
—¿Y el águila? —interrumpe el escenógrafo—.
El águila está siempre en el exordio de los poemas
    épicos gloriosos.
—En el nuestro —digo yo— sólo aparece la corneja.
En todas las derrotas de España.
Y nunca hemos tenido más que derrotas...
La corneja está siempre volando en el lado siniestro...
Pero esta vez, en que España va a triunfar por vez primera,
en que España va a ganar la batalla decisiva,
no quiero corneja.
Ni águila ni corneja.
—Pero el águila —dice el utilero—,
el águila es un ave castellana.
—El águila es un pájaro decorativo y servil —digo yo—.
En sus alas hay más heráldica que vuelo.
Es barroca.

Su cabeza grotesca, su corvo pico y sus alas abiertas
no riman con el austero y místico paisaje que vamos a
    ordenar.
No vuela bastante, además.
Nosotros vamos a subir mucho más alto.
Donde vamos a subir, ella no puede respirar.
Es un pájaro guerrero…
amigo de soldados.
Le gusta cabalgar en los brillantes cascos imperiales.
La he visto siempre en el escudo de los reyes,
sentada, repantigada como una orgullosa gallinácea
empollando los huevos de la guerra.
Va siempre agarrada a los yelmos…
también está en el Yelmo de Mambrino…
Su vuelo no me sirve.
Ya sé que además del soldado la ha mimado el poeta…
pero hay poetas que se conforman sólo con el vuelo
del águila.
Tiene mucha retórica este pájaro…
Los mexicanos la veneran también…
Es su animal "consentido".
Rima con su prehistoria
y con sus pirámides…
Pero ya, cuando llega Cristo a los Andes…
el vuelo del águila azteca en el cielo de México
pierde parábola y elevación.
¡Que se vaya el águila!
¡No me sirve al águila!

—Y el sol —dice el escenógrafo—,
¿dónde ponemos el sol?
—En el cenit,
cayendo justiciero y perpendicular sobre la meseta…
Y el tablero de la meseta

limpio,
escueto…
que no se vean más que las rayas paralelas de los surcos…
La carretera blanca, seca, recta,
hasta clavarse en el azul del horizonte.
El cielo azul, sin una nube…
En la tierra ni la sombra de una nube
ni una curva.
Alguien dijo que en Castilla no hay curvas —bien
    dicho—.
En este paisaje místico y austero no hay curvas.
Ni curvas ni sombras.
Geometría…
Geometría rectilínea…
Geometría… y luz.
¡Oh, luz, luz y amor de mi vida!
¡Luz altanera de Castilla!
¡Tú me recibiste al nacer,
amortájame cuando muera!
¡Así está bien la luz!
Que queden las figuras sin contorno,
así está bien. Así es la luz de Velázquez.
Tienen los objetos un rebrillo que los hace bailar
hasta quitarles el perfil.
Hierve la tierra,
se enfurece el sol.
Y todo es como un horno grande donde crepitan
y tiemblan las cosas hasta perder su forma cotidiana.
La tierra se siente dolorida.
Tal vez este planeta miserable —¡oh, monstruosidad!—
va a parir ahora mismo una estrella.
Algo va a ocurrir en el mundo, extraordinario y
    sobrenatural.

—Y… ¿qué hora es? ¿Qué hora va a ser en nuestro
poema?
—La hora en que un patán puede parecer un rey
y una andrajosa prostituta una princesa de leyenda.
La hora en que Aldonza Lorenzo se convierte en
    Dulcinea…
La hora en que los santos, los místicos
y los grandes locos de España ven la cara de Dios.
La hora en que un gusano se transforma en mariposa…
La hora de la intrépida metáfora demiúrgica.
La hora meridiana…
La hora exacta y puntual de los grandes milagros.
—¿Y no hay coro? ¿No va a haber coro en el poema?
—¡No!
Un silencio de presagio.
Todo está callado en la meseta.
Allá afuera… todos duermen.
La vieja Castilla guerrera duerme su largo sueño
    milenario…
La España del caudillo
duerme también.
En la recia casona solariega, duermen todos…
Todos tus hijos duermen, longeva matrona nutricia.
Los viejos y los mozos.
¡Los españoles duermen todos!
Duerme Franco y duerme el Cid.
Y los españoles fugitivos, allá lejos, duermen también…
¡Duermen todos!
¡Sólo Don Quijote está despierto!
¡Duerme España!… ¡pero vela el Rey!

¡Oh, pobre rey enloquecido y nazareno!
Ahí le tenéis… ¡miradle!
¡Éste es el héroe!
¡ahí le tenéis!

como un utensilio de la vieja tramoya,
como el gran títere de la farsa.
Éste es aquel a quien yo llamé un día:
el pobre payaso de las bofetadas.
Pero no es verdad.
Éste es el Rey… ¡Nuestro Rey!
                    ¡El Héroe!
Ahora me gusta llamarle
El Gran Prestidigitador.
Hace juegos de prestidigitación
sin trucos y sin trampas.
Y un juego de prestidigitación
sin trucos y sin trampas…
es un milagro.
¡Don Quijote puede hacer milagros!

Un día iba por la carretera de la Mancha
y allá a lo lejos apareció un aldeana montada en un asno.
Era fea, horrible, chata, desdentada, olía a cebolla…
Era un monstruo.
Se llamaba Aldonza Lorenzo.
Don Quijote la ve…
Y por no sé qué mecanismo divino de imaginación
    dice,
¡grita!:
Aquella que viene allí… ¡es Dulcinea!
¡La Princesa del Toboso!
Lo dijo con tal fe, y empuñando la lanza para defender
sus palabras, que Aldonza Lorenzo desaparece en las
    sucias
arenas de la carretera de la Mancha…
Y Dulcinea queda ahí para siempre, clavada como una
    estrella,
en el cielo poético de la historia.
Otro día…

—¿O fue una noche? Era una noche.
Era una noche bajo la luna.
Acuérdate, Sancho—.
Estabais en Sierra Morena.
No habíais comido hacía cuatro días.
Unos pastores os agasajaron cordial y generosamente.
Era el pueblo humilde y sencillo de España,
que no sabía leer, como tú entonces.
Cabreros eran.
Pero tenían todos el porte altivo de un rey.
Pobres eran…
pero sacrificaron un carnero,
y hubo carne.
Y trajeron unas hogazas,
y hubo pan,
y abrieron unos odres,
y hubo vino…
Os obsequiaron sin saber quiénes erais…
   —acuérdate—.
Y al final, sobre la tierra, vertieron un saco de bellotas.
Era el postre de los pastores.
Y fue el momento en que tu señor se iluminó.
Y para pagar el agasajo
tomó un puñado de bellotas,
lo levantó bajo la luna
y dijo tales cosas
y de tal manera
que aquellas bellotas
se convirtieron de improviso
en un mundo lleno de paz y de armonía,
de justicia y de amor…
Se convirtieron en la Edad de Oro,
en ese mundo que andan buscando hoy los economistas
y los santos de todo el planeta…
¡Fue aquél un juego maravilloso de prestidigitación!

De aquel puñado de bellotas sacó Don Quijote… *Una
paloma…*
La paloma blanca del gran prestidigitador…
Y voló aquella paloma con una curva parabólica…
tan completamente evangélica que parecía que era Jesús
mismo el que estaba hablando.
Y empezó como Jesús empezaba siempre sus parábolas:

"En aquellos tiempos…"
Matando el Tiempo.
El Tiempo nos confunde…
No hay tiempo.
"Dichosos tiempos y dichosa Edad aquélla… en que lo
tuyo
y lo mío eran palabras desconocidas…"
"Dichosa edad *aquélla*"…
¿Qué edad era aquélla?
¿Es una edad pretérita o futura?
¡No hay tiempo en las parábolas!
Y aquella edad… ¡vendrá!
No ha sido… será.
Vendrá porque los cabreros la piden y la defienden con fe
como quería Jesucristo.

Cervantes dice que los cabreros
no entendieron aquel discurso de la Edad de Oro…
Pero sí lo entendieron.
Ahora estamos viendo que sí lo entendieron.
Porque todo lo que se disputa
y por lo que se lucha hoy en el mundo
es porque el hombre viva un día como en esa Edad de Oro
de que hablaba Don Quijote a los cabreros aquella
    noche
de luna en las entrañas de Sierra Morena.

—Pero ¿qué verso, qué acento épico —dice el utilero—
va a tener este poema?
¿No hay coturnos aquí?
Y yo digo: —Hemos apuñalado a todas las retóricas…
Y a Homero también.
Ahora Homero no nos sirve para nada…
Ni Aquiles tampoco.
Que se lleven los coturnos.
No quiero coturnos.
Los coturnos para Zeus.
Nosotros vamos a caminar con unas sordas sandalias
    evangélicas.
Y el paño de lágrimas de Hécuba
que se lo lleven también.
Allá que Hamlet pague regiamente a unos cómicos
para que lloren por la reina de Troya.
¿Qué me importa a mí Hécuba?
¿Y qué me importa Troya?
Aquí no hay lágrimas retóricas
ni cánticos plañideros de histriones asalariados.
Yo no lloro por los vivos
ni los muertos.
Mi llanto no es hipo
ni moqueo de velorio.
¡Nosotros vamos a llorar mucho más alto!
He visto que todas las Troyas
y todos los imperios del mundo
desaparecen en el polvo…
Y el gran imperio español
de donde arranca mi sangre y mi linaje…
¡también lo he visto en el polvo!
¡No!
Yo no lloro por Hécuba
ni por Troya.
Ni por España…

¡Quiero llorar mucho más alto!
Mi llanto no tiene ya
una parábola terrestre.
Es vertical…
y va buscando…
No sé qué constelaciones va buscando.
Pero quiero un reino
—sin comienzo,
sin historia
y sin fin…
Un reino que no se desmorone con el tiempo…
Un reino donde la luz haga santas y eternas
todas las cosas que toque.

Y no vamos a llorar por hexámetros.
El acento de los hexámetros
no me sirve tampoco.
¡Que se lleven todos los hexámetros!
Aquí no hay más acento que el mío.
Este poema lo he inventado yo…
¡Y yo impongo el único acento que me sirve!:
¡El mío!
Un versículo que yo uso ahora por vez primera.
Es un versículo que sólo se consigue con los años.
Yo tuve que cumplir ochenta años
para poder usarlo.
¡Y haber llorado mucho!
Es un acento que me viene de muy lejos…
de represas contenidas y remotas
y de saltos de sangre
que ahora, en la vejez, no puedo reprimir.
¡Tal vez no debí haberlos reprimido nunca!
¡Que salten como torrentes por enciama de todos los
    hexámetros!

Porque a veces sucede que el acento de un hexámetro
apaga el latido de la sangre
y yo lo que quiero es que se oiga ante todo
el latido de mi sangre.
Y sucede también
que el ritmo de mi sangre
es un ritmo métrico y poético.
Pero de esto yo no tengo la culpa.
Yo no lo he buscado.
—Observo que un versículo cualquiera de este poema
se puede descomponer
en endecasílabos, hexámetros,
eneasílabos,
versos de cuatro sílabas...
Y que al juntarse para formar el versículo
lo hacen siempre de una manera tan singular
que dan justamente la nota exacta de mi corazón.
Me parece que esta retórica, además,
es la más fácil de traducir a todos los idiomas.
Cuando un verso tiene que volar muy lejos
—y este poema va a volar muy lejos—
estas alas son las que más convienen.
Enderezo siempre al rojo vivo
el garabato barroco de todos los hipérbaton
—odio el hipérbaton—
y me gusta el verso limpio y recto como una lanza.
Cuando me traduzcan
quiero que mis palabras se acomoden sin violencia
a los moldes y a las medidas más sencillas.
Traductores: usad una vasija de barro
donde beban todos los que tienen sed.

Os he traído aquí esta noche
para que presenciéis otro juego de prestidigitación:
Otro milagro

¿Qué creíais?
¿Qué os había convocado aquí
para que saliese el tenor y cantase una romanza?
¡No!
Os he traído para que presenciéis
el gran juego Español de prestidigitación.
¡La Gran Jugada española!

España
es un pueblo de
Guerreros… y… de Santos.
¡Aquí están las cartas boca arriba! El Guerrero y el
　　Santo.
¿Por quién apuestas tú?
El juego va a empezar:
Todo lo he arreglado como habéis visto
para que no pueda escaparse el burlador.
La meseta de Castilla, donde va a suceder todo,
la he dejado limpia:
sin un árbol,
sin un pájaro,
sin una sombra…
La luz abierta y cenital…
ni un resquicio ni un escondrijo
donde pueda agazaparse la trampa…
He espantado a todos los fantasmas…
los barrocos
y los clásicos…
y he ahuyentado a la retórica
porque la retórica es el paño del prestidigitador
donde se esconden las lentejuelas y los abalorios.
Os he presentado a los personajes;
conocéis al héroe…
Todo está ya listo para el espectáculo.
Atención ahora… ¡Mirad bien!

¡Que nadie nos burle!
¡Que nadie nos engañe!
¡¡Atención!!… Vamos a empezar.

"LA GRAN AVENTURA"

Ahí vienen los dos:
Caballero y Escudero…
en sus clásicas cabalgaduras.
Ahí vienen…
carretera adelante…
vienen lentos… callados.
Don Quijote mira hacia lo lejos
escudriñando el horizonte…
De pronto Rocinante hace un respingo
y mueve epilépticamente la cabeza.
Algo sucede.
Algo ha olido Rocinante en el viento.
El Rucio también se encalabrina.
Les arden las narices a las bestias.
Allá lejos el cielo es una roja lámina que tiembla…
Tiemblan el aire y la luz.
En la lejanía bailan unos objetos.
Don Quijote se afianza el yelmo sobre las sienes,
se empina sobre la estribera,
se levanta sobre la montura,
enristra la lanza
y con la cabeza erguida y la mirada fija, no se sabe dónde,
sonámbulo,
o en el momento más encendido de su divina locura
y con los ojos inmensamente abiertos, grita
(su voz retumba hasta hacer vibrar la cóncava lámina
    azul y cálida del firmamento):
—¡¡¡Allí está!!!… ¡¡Allí viene!! ¿Le ves, Sancho?
El escudero, haciendo visera con la mano sobre la frente

llena de sudor y de tierra y guiñando los ojos, mira
atentamente sobre la lejanía del camino.
Luego dice exaltado y aguerrido:
—¡Sí… sí… sí…! ¡Es él! Ése es el verdadero,
el mismísimo caballero Don Mambrino… Y lo que lleva
en la cabeza… no es la bacía de un barbero…
¡Es un yelmo!… ¡El yelmo de oro!… *¡El yelmo de la
guerra!*
¡¡Vamos con él!!
—¡No!… ¡quieto, Sancho!… ¡quieto!
—¡Vamos! —insiste el escudero—.
¿Por qué os arredráis?… Nunca, señor, os he visto
    cobarde como ahora.
—Quieto he dicho, Sancho.
Y Don Quijote refrena y para en seco a Rocinante.
Los dos se quedan esperando.
Don Quijote baja la lanza, clava otra vez los ojos allá
    lejos.
con una mirada divinamente enloquecida
    y sobrenatural.
Tiembla… y luego dice:
—¿Qué es aquello que viene? ¿Y de dónde viene?
¿De la tierra o del cielo?
Vibra todo con tal fuerza
que la línea del horizonte se diluye y se confunde.
No hay horizonte.
¡Ahora no hay horizonte!
—¿Quién viene?… ¿Quién llega? —sigue gritando el
caballero.
—¡Mambrino! —replica el escudero.
—¡No, Sancho! Ése no es Mambrino.
Y lo que lleva en la cabeza… ¡no es un yelmo!…
—¿Qué es entonces?
—El oro no brilla nunca así. Es algo de muchos más
quilates

que el oro… Es como un nimbo cegador y celestial…
Y el que lo lleva en la cabeza *no* es un caballero andante.
—¿Quién es?
—No sé… parece un ángel… con una melena de fuego.
Don Quijote no alcanza a decir lo que está viendo.
—Ya viene, ya pasa… llegó… pasó rápido… —dice
recogiéndose
y aturdido el escudero.
Hay un súbito relámpago que los derriba a los dos de la
montura.
Caen de bruces sobre la tierra.

El poeta interviene explicativo:
—¿Qué ha sucedido?
¿Quién pasó?
El que pasó se ha disuelto en el fúlgido rebrillo de la luz.
Ya no se le ve…
¡Oh, esta luz mágica y alucinante de Castilla
que hace crecer los milagros como las espigas!

Cuando se levantan, caballero y escudero,
han desaparecido las monturas.
¿Dónde está Rocinate?
¿Dónde está el Rucio?
Y no encuentran por ninguna parte las armas.
Sancho las busca inútilmente.
Ni casco.
Ni lanza.
Ni espada.
Ni rodela…
Don Quijote se ha quedado casi desnudo,
con un jubón raído por los siglos
y unas sucias calzas andrajosas.
Pero… ¿qué es lo que tiene en la cabeza?

Sancho no le reconoce.

Le contempla maravillado y se estremece.

—¿Qué ocurre, Sancho? —se atreve a preguntar el
caballero.

Y Sancho le interroga:

—¿Quién sois, señor? Resplandecéis. Estáis vestido de
luz…

Y os tocáis la cabeza con una corona de fuego.

(Parece como si los sesos encendidos de su divina
locura

le hubiesen florecido sobre la frente

en una áurea y refulgente diadema de espigas.)

Don Quijote baja humildemente la cabeza, se
santigua… y

reza *muy quedo* una oración.

—¿Qué reza? —interviene el poeta—. Sólo se oyen estas
palabras claramente:

"Venga a nos el tu reino."

Luego Don Quijote dice:

—Aquel que pasó *era un ángel*. Bien sabía yo que no
era Mambrino.

Y Sancho reafirma lleno de fe:

—*No era Don Mambrino.*

—¡Era un ángel, Sancho! —vuelve a decir Don
Quijote—.

Era el ángel de la Paz,

por eso se ha llevado nuestras armas,

mi armadura también,

y ha cambiado el yelmo

por esta luz que ves sobre mi frente…

Se llevó todos mis bélicos arreos

Y me ha dejado… *su corona.*

Don Quijote, así, levanta la cabeza,

enjuta, aquilina y nazarena

hacia el encendido firmamento

y el sol se quiebra, iridiscente
en las lágrimas que surcan sus mejillas.

Parece un Cristo viejo,
un Cristo muy viejo y feo…
tallado,
mordido,
mordido con rabia
por una gubia inquisidora
que busca
y rebusca
no se sabe qué diamante divino
en esa extraña substancia española
amasada
con sangre
y con sombras
de siglos y siglos oscuros
y machacada en el cóncavo cuenco del misterio.
Éste es el Cristo español a quien yo quiero
que se parezca ahora Don Quijote…
No esos Cristos que han tallado
los imagineros de Valladolid.
Los imagineros españoles han hecho Cristos
con lágrimas de cuentas de vidrio
donde apenas rebrilla la luz.
En cambio esta luz de Castilla
¡qué bien se quiebra
en una lágrima de verdad!
—Aquí aprendí yo, hace mucho tiempo,
esto que luego me ha gustado tanto repetir:
¿Por qué están hechos nuestros ojos para llorar y para
    ver…?
¿Y por qué en la gota amarga de una lágrima
ve el niño por vez primera
cómo se quiebra un rayito del sol

y salen volando igual que siete pájaros
los siete colores del espectro?
No quiero esos Cristos monstruosos
con lágrimas de vidrio
que hacen los imagineros asalariados,
para asustar a las comadres
y confundir a los labriegos.
No me sirven estos Cristos.
¡Que se los lleven también!
Yo quiero un Cristo viejo y feo
¡que llore de verdad!
¿Llora el caballero?
Sí… ¡llora el caballero!
Y no sabe por qué llora…
ni por quién llora…
pero si no llora de verdad…
¡no hay poema!
Y el poeta que escribe estos versos
también es viejo y feo…
Y también llora
y no sabe tampoco por qué llora…
Pero si no llora de verdad…
¡tampoco hay poema!
El hombre es un animal extraño
—que un día se pone a llorar, sin más ni más…
Y no sabe por qué llora,
por quién llora,
y qué significa una lágrima…

Cuando vuelve Don Quijote la cabeza hacia la tierra
le pregunta al escudero:
¿Qué significa esto, Sancho amigo?
Sancho se arrodilla y le besa la mano llorando…
Quedan así, juntos los dos.
Quietos,

inmóviles,
como parados en el Tiempo…
En la Historia sangrienta de los hombres…

Y ahora… ¿dónde vamos, señor?, dice el escudero…

....

¡ALTO!

León Felipe
El ciervo

JUEGO

Y este juego, Señor Arcipreste,
este juego de la pelota blanca
y la pelota negra,
¿cuándo terminará?
Este juego
del ruido y el silencio,
de la risa y el llanto,
de la luz y la noche…
Y hay uno que pregunta: ¿Qué es la noche?

Y esa lágrima suelta, Señor Arcipreste,
esa lágrima suelta que resbala y patina,
que baila y que vacila
en la rueda del viento
¿dónde se parará?
Y hay otro que pregunta: pero, señores…
¿a qué se juega aquí?

León Felipe
El ciervo

EL CÁNTARO

No había otra salida que la muerte…
la destrucción… el sueño… el Gran Sueño
otra vez… el divorcio definitivo
de la Arcilla y el Viento.
El cántaro, aquel cántaro, el orgulloso cántaro
no estaba bien hecho.
Tenía un orificio sin control por donde se escapaban
el amor y el humo de los sueños…
y una grotesca panza excremental.
Ya se quebró el cántaro…
para eso vino el átomo del rayo, lanzado por el átomo
    del trueno.
Ahora… Señor Arcipreste,
habrá que darle otra oportunidad al Alfarero.
Hay que empezar otra vez desde el Génesis como si
    nada hubiese sido antes.
¡Cuántas veces al orgulloso cántaro lo habrán hecho…
deshecho… rehecho…
y cuántas veces todavía
tendrán que hacerlo… deshacerlo… y rehacerlo de
    nuevo!
Paciencia y esperanza, Señor Arcipreste. ¡Gong!… ¡que
    suene el gong!
Otra vez al Prólogo… Otra vez al Comienzo…
Otra vez a la pella de arcilla dócil
amasándola Dios entre los dedos…

y otra vez al Viento… Al soplo en las narices…
al milagroso vaho del aliento:
¡OOOHHH!… ¡OOOHHH!… ¡OOOHHH!
A ver si ahora, Señor Arcipreste, con la experiencia de
    estos siglos,
tiene más suerte el Alfarero.

ÍNDICE